JN441123

서남권 지역경제, 살릴 수 있다

박 용 안 지음

다솜출판사

들어가는 말

많은 분들의 가르침과 도움에 감사합니다.
많은 분들에게 잘못함과 결례했음을 사죄합니다. 제게 용기와 가르침을 주신 분들과 먼저 가신 님들에게 고개 숙입니다.

의식이 투철하지 못한 철부지가 10대 후반과 20대에 1980년 계엄령과 광주민중항쟁을 겪었습니다. 이후, 돈벌이에도 몸과 마음속에 꿈틀거리는 양심과 깊은 곳에 있는 소명에 괴로워했습니다. 직장이 국책연구소라는 환경에도 바름을 한 걸음이라도 추구하고자 했습니다. 경인운하계획 연구시 일부 화물들의 물동량을 0으로 제시하였습니다. 60세를 바라보는 늦 나이, 영국 런던대학교(UCL) 박사과정에서는 수 천 만 번의 포기유혹을 이겨야만 했습니다.

2024년 두 번째 계엄령에는 마음보다 몸이 먼저 움직였습니다. 2025년 1월 극우집회에 저항하는 서울 한남동(한남연립 아래)에서는 광주민중항쟁 당시 진압군 지휘관으로부터 못된 협박을 받았습니다. 한남동 관저 앞 공간(볼보사옥 인근)을 확보한 시민들이 있어서 윤석열 체포가 가능함을 보았습니다. 늘 그렇듯이 개혁은 현실입니다. 복잡한 관계 속에서 논의를 통해 제도와 틀을 바꾸고 전진해야 합니다.

1978년 광주 광천공단실태조사에 참여한 이후 지역경제는 저의 화두였습니다. 50년 가까운 고민, 가슴 깊은 곳의 소명과 나의 전공인 경제학, 무역학, 국제물류론과 40년의 현장정책 경험(물류 및 관세 관련 법 제정, 예비타당성 조사, 국제대회 조직위원장 등)을 이어서 새 인생을 찾았습니다. 지역 소멸과 붕괴에 대항하고 해법을 찾아 2025년 정치에 본격적으로 입문하였습니다.

감사합니다.

2022년 11월 26일 경남 양산 평산책방에서 문재인 전 대통령 님, 이호철 전 민정수석(노무현 대통령 당시), 2017년 대통령 선거운동 동지들과

2026년 1월 6일 전남 담양 수북면 원대방길에서, 전남 민주화와 진보의 거대한 뿌리, 김상윤 선생님과

목 차

Ⅰ. 화보

1978년 유신체제와 518계엄에 저항하다 군 감옥에 갇히다 ······ 1
한남동 관저 인근에서 12·3 계엄에 저항하다 ······ 7

Ⅱ. 전남 경제와 사회 관련 기고문과 발표문

끼, 멋, 맛 ······ 37
5.18민주화운동, 미래로 나아가야 ······ 41
지역소멸 위기, 한국특성 반영한 분석으로 해법을 찾아야 ······ 45
지역경제 활성화로 국가소멸 위기 낮춰야 ······ 49
수도권 과밀화 방지와 지역거점 구축해야 ······ 53
지역소멸은 결국 국가 파탄이다 ······ 57
트럼프 재당선, AI, 지역소멸 ······ 61
12·3 내란반역과 대량학살 수행 ······ 65
자료 · 통계 · 정보화와 농민의 대응 방안 ······ 67

농업과 농촌에서, 신 사업과 창업을 통한 경영혁신 ···· 71
분단을 평화와 번영의 길로 바꾸자 ··························· 75
기술혁신과 농어촌 일자리 늘리기 ··························· 79
기차역의 추억 - 교통 거점으로 다양한 기능 ············· 83
꿈의 에너지, 수소연료기관 ·· 87
농민과 어민, 남북한 교류를 통해 이득을 내자! ········· 91
해남 철도시대, 교통 서비스 국제화와 표준화가 시급하다 ··· 95
농어촌의 숙제, 인구감소를 다시 보자 ······················ 99
4차 산업혁명과 노인복지 (1) ································· 103
4차 산업혁명과 노인복지 (2) ································· 107
우리나라 교통안전을 근본적으로 개선하자 (1) ········· 111
우리나라 교통안전을 근본적으로 개선하자 (2) ········· 115
수요자 위주 교통을 위해 연계성을 개선하자 ············ 119
12·3 내란반역과 대량학살 수행범은 즉각 하야하라 ···· 123
12·3 내란반역과 대량학살 수행범을 즉각 체포하라 ···· 125
4. 목포 지역 경제붕괴의 전조증세 ·························· 127
5. 전통적 관광 관련산업을 기초로 성장엔진을 찾아보자 ··· 131

1978년 유신체제와 518계엄에 저항하다 군 감옥에 갇히다

1979년 광주 광천동 들불야학(향후, 518 광주민중항쟁에서 투사회보를 제작하고 도청에서 저항했음) 체육대회에서, 박용안, 가운데 모자쓰는 이

1979년 광주 광천동 들불야학 체육대회에서 박용안, 오른쪽에서 김영철 열사 따님(아기)를 안은 이

1980년 계엄포고령 위반으로 군 감옥에 갇히다

81 형 사 사 건 부

1	2	3 [illegible]
19 81. 1. 23	19 81. 1. 23.	19 81. 1. [illegible]
전남 [illegible]	좌 동	전남 [illegible]
[illegible]	[illegible]	
		[illegible] 광주시 서구 양림동 [illegible] 학생 60. 5. 18 박 [illegible]
계엄포고령위반	좌 동	좌 동
19 81. 1. 7. 1500	19 81. 1. 15	19 81. 1. 22
19	19	19
19	19	19
19	19	19
19	19	19
19 81. 1. 27	19 81. 1. 27	19 공
19 불	19 불	19 81. 1. 30 불
19 송	19 송	19 송
19	19	19
19 제 호	19 제 호	19 제 호
19 81. 1. 27	19 81. 1. 27	19
선고유예	징역 10월 [illegible]	기소유예
19 81. 1. 28	19 81. 1. 28	19
관할관승인	관할관승인	
19 81. 2. 11 집계 호 집계 호	19 집계 호 집계 호	19 집계 호 집계 호
19 집행 석방	19 집행 석방	19 81. 1. 30 집행 석방
19 제 호	19 제 호	19 제 호
완결	완결 함소	완결
압	압	압

1-4-2 육군양식 1974.1.7

서남권 지역경제, 살릴 수 있다 - 화보

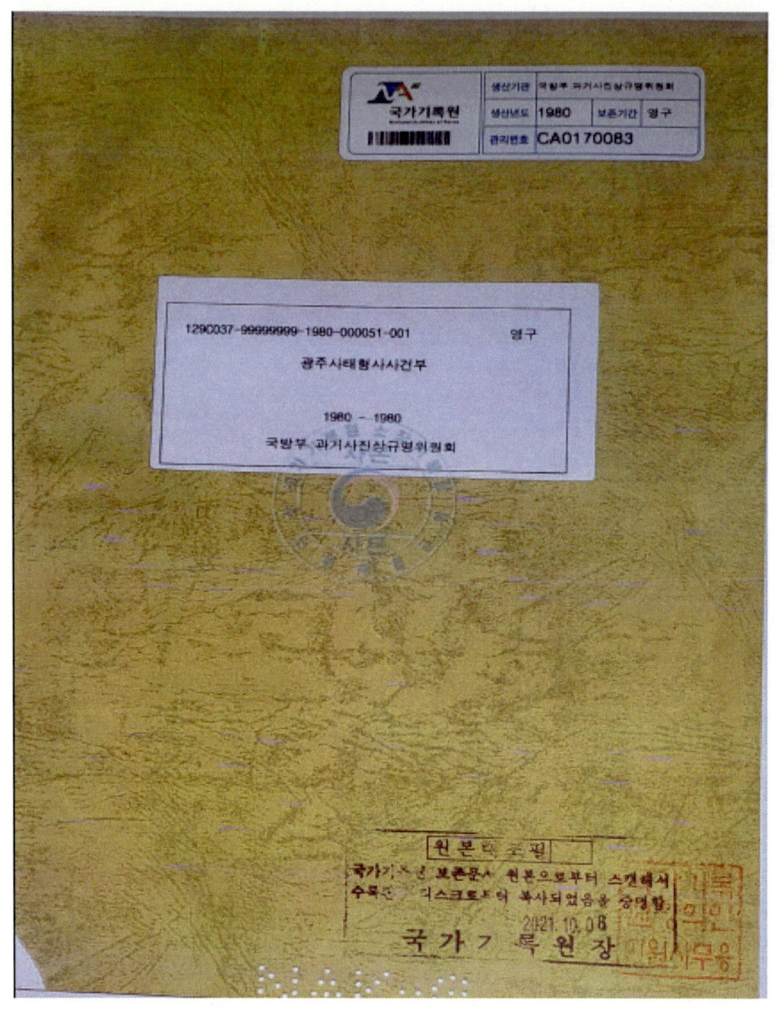

한남동 관저 인근에서
12 · 3 계엄에 저항하다

2024. 12. 12 –2025. 1.15

2024년 12월 12일 한남동 관저 부근 루터교회 남쪽에서 시위

(왼쪽 두 번째, 광주 광천동 들불야학출신 518 시민군출신 박용안, 세번째, 전남대 연극반출신 5.18 시민군출신 김태종 선생)

12.3계엄이 학살 미수가 아닌 수행범으로 보는 견해를 피력 -2024년 12월 12일 한남동 관저 부근 루터교회 담벼락에서 시위 -

서남권 지역경제, 살릴 수 있다 - 화보

2024년 12월 14일 여의도 집회 후 박용안

24년 12월 10일 부산 서면 집회에서 박용안

2025년 1월 1일 서울 한남동 루터교회 앞에서 극우 집회에 대항하다

2025년 1월 1일 서울 한남동 루터교회 아래 한남연립 벤치공원에서 극우와 대치

2025년 1월 2일 서울 한남동 루터교회 아래 한남연립 벤치공원에서 극우집회에 대치

2025년 1월 2일 서울 한남동 루터교회 아래 한남연립 벤치공원에서 시민들과 함께하는 박용안(제일 왼편)

2025년 1월 3일 서울 한남동 루터교회 아래 한남연립 벤치공원에서(눈내리는 날) 의자에 잠자리를 마련하다

2025년 1월 3일 서울 한남동 루터교회 아래
한남연립 벤치공원에서 동지들과 잠자다(눈을 맞으면서)

2025년 1월 4일 서울 한남동 루터교회 아래 한남연립 벤치공원에서(눈을 맞으면 철야 후)

2025년 1월 5일 서울 한남동 프란치스코 성당 부근에서

2025년 1월 6일 서울 한남동 프란치스코 성당앞 화단에 걸린 플랑카드(학살 수행범으로 단죄 희망)

2025년 1월 6일 서울 한남동 프란치스코 성당안에서 시민들과 (맨 우측 박용안)

2025년 1월 6일 서울 한남동 한남초 앞 남쪽 대로변에 비닐 등을 이용한 캠프설치

2025년 1월 7일 서울 한남동 한남초 앞 남쪽 대로변에 비닐 등을 이용한 캠프에서 밤을 세운 시민들

2025년 1월 8일 서울 한남동 한남초 앞 남쪽 대로변 캠프를 극우집회에 뺏김(집회 우선 순위 등에서 밀림)

2025년 1월 9일 서울 한남동 볼보사옥 앞에 국민주권당 주최 집회에 모인 시민들의 용품

2025년 1월 10일 서울 한남동 볼보사옥 앞에 극우들과 혼재된 시위 현장

2025년 1월 11일 서울 한남동 볼보사옥 앞에 시민들과 매생이 떡국(동학농민연대에서 준비)을 나누며

2025년 1월 11일 서울 한남동 볼보사옥 앞 집회 연설에서 광주민중항쟁의 역사적 의미와 계승으로서 탄핵찬성 집회의 의의를 강조하는 박용안

2025년 1월 11일 밤 서울 한남동 볼보사옥 앞 집회에서 윤석열 구속을 기다리며

2025년 1월 12일 아침 서울 한남동 볼보사옥 앞 집회에서(왼쪽 두 번째 박용안)

2025년 1월 13일 밤 서울 한남동 볼보사옥 앞 집회에서 (왼쪽 첫 번째 박용안)

2025년 1월 14일 밤 서울 한남동 볼보사옥 앞 집회, 캠프에서

현행범 국민 학살 수행범

SEOUL PARTNERS HOUSE

2025년 1월 15일 새벽 3시 30분경 서울 한남동 볼보사옥 앞 경찰의 대거 투입과 체포 진행을 지켜보는 시민들

2025년 1월 15일 오전 10시 30분경 윤석열 구속을 기뻐하는 시민들(맨 오른쪽 박용안)

2025년 1월 25일 광화문 집회 후 밤 인사동 사랑채에서 박진백 동지와 함께

끼, 멋, 맛
-광주와 전남의 발전을 향해 1-

2024. 4. 23.
박용안
광주매일 투고

내 고향, 광주와 전남은 북동쪽으로는 어머니같이 넓은 품을 자랑하는 지리산이 있고, 중국 대륙과 이웃하는 남서쪽으로는 광활한 황토밭이 펼쳐져 있다. 남쪽으로는 고대로부터 안전한 뱃길, 무역로의 역할과 풍부한 어산물을 제공하는 대양이 있다. 1945년 해방 이후 현대에 들어서는 풍부한 노동력을 국가 경제의 산업화, 정보화, 디지털화에 제공하여, 경제발전의 굳건한 대들보로서 한국의 새 역사를 만들어 가고 있다. 농사를 주 산업으로 하는 우리 고장은, 1970년대 이후 정부 주도의 경제발전 계획이 공업화와 산업화로 본격적으로 전개되면서, 공업단지 및 산업이 집적되지 못하고 소외감을 느끼기도 하였다.
최근 급속도로 진행되고 있는 모든 산업과 제품의 디지털화(digitization 혹은 digitalization)는 이전에 상상할 수 없는 처리용량과 저장용량을 갖는 반도체, 모든 사물에

internet을 연결하는 Internet of Things(IoT) 기술, 통신을 이용하여 사용자에게 교통경로 등 최적화된 의사결정을 알려주는 기술(cloud computing) 등을 바탕으로 한다. 이제 새로운 곳에서 돈(가치, 소중한 무엇)이 생기고 있다. 다른 데 혹은 다른 경제주체들이 이미 만든 문화적 자원, 정보와 자료 등을 모아서 기업과 개인에게 제공하거나 연결해 주는 기업들이 세계적 대기업으로 성장하고 있다. Google, NETFLIX, Facebook, Instagram 등이 대표적이다. 이러한 현재와 미래의 디지털 경제를 고려할 때, 우리 고장에 풍부한 끼, 멋, 맛은 중요한 강점이 될 것이 분명하다.

끼는 우리들이 삶의 고통과 희망 속에 진실하게 놀 줄 안다는 것과 통한다. 진도아리랑을 예로 들자, 잔치 날 혹은 농한기에 고장 사람들은 밤이 새도록 각자의 사연을 엮어서 한 편의 웅장한 이야기를 노래로 창조하여 왔다. 그 노래들은 NETFLIX가 제공하는 세계 사람들의 고유한 문화와 삶을 바탕으로 한 문화상품과도 유사하다. 잘 놀줄 안다는 것은 생존을 위한 경제활동에서 벗어난 인류에게 매우 필요한 자질이다. 끼는 영국 명문학교 Eton School 기본 사명(mission)에서 강조하는 enduring passion-지치지 않는 열정-의 다른 말이라 할 수 있다.

멋은 내면에 가득찬 아름다움을 발산하는 것이다. 농민에게는 허리띠가 다소 풀려도 멋있고, 일터에서 땀 흘리는 노동자는 나름 멋져부는 내면의 운치가 있다. 내가 말없이 존경했던 고 윤한봉 선생은 항시 허름한 잠바를 걸쳤지만 노동자와 농민 등 민중에 대한 사랑의 멋이 느껴졌다. 고 윤상원 장군(나는 그 어느 장군보다 더 위대하다 평가함을 이해바랍니다)은 기타와 피리, 소리로 대중들을 휘어잡는 멋쟁이였다. 멋은 새로운 역사의 원동력이 될 것이라 생각한다. 어디에서나 당당하고 자신을 낮췄던 고 박관현 열사는 검정 고무신으로 멋을 부렸다.

맛은 개인 삶과 공동체의 활력소이다. 우리 고장에서 농축산물과 해산물을 사용하고 갖은 양념과 손 기술을 버무려 맛난 음식을 만들어 같이 나누는, 정은 삶의 굴곡과 고난을 헤쳐 가는 영양소이다. 우리 고장의 독창적인 맛은 세계인을 끌어 모으는 관광자원으로 손색이 없다. 맛난 음식을 게걸스럽게 욕심을 내지 않고 일상생활에서 맛을 찾는 우리 고장 사람들은 세계인의 입맛에 항상 열려 있다 할 수 있다.

끼, 멋, 맛을 활용하여 우리 고장의 교육, 문화, 관광, 교통, 복지 등의 지방자치 정책에 변화와 혁신을 가져올 수 있다. 예로, 일선 공무원들과 공공기관 직원들에게 끼를 부릴 수 있게 일정 한도의 재량권과 성과를 내도록 하여 이를 인사 평가에 반영할 것을 제안한다. 학생들에게도, 획일적 지식 전달이 아닌 개인이 갖는 다양성과 그 열정을 존중하는, 멋있는 교육을 해보자. 먼저 간 멋쟁이들의 이야기도 세계인의 눈과 귀를 만족시킬 것이다. 지역 공동체에서 자그마한 행사에도 세계인들이 부담없이 즐길 수 있도록 표준화된 재료와 절차(recipe)를 개발하여 제철 음식을 나누는 것을 고려해 보자. 축제의 줄거리도 그 지역의 역사와 문화와 지역 산업 등과 긴밀히 연결하여, 주민들의 창의성(다소 어색하더라도)을 바탕으로 내용을 다양화하여, 주민들이 주도하는 지역축제를 제안하고자 한다.

5.18민주화운동, 미래로 나아가야
-광주와 전남의 발전을 향해 2-

2024. 5. 22.
박용안
광주매일 투고

다시 오월이다. 멀리로는 동학혁명의 함성이 있었고, 현대에 들어서는 광주민중항쟁-5.18민주화운동-의 기억과 고 노무현 대통령의 서거에 대한 아픔이 생생한 달이다. 광주민중항쟁을 직접 혹은 간접적으로 겪었던 많은 국민들과 마찬가지로, 저자는, 항쟁 당시 역사의 진보를 향해, 혹은 정의로움을 위하여, 불의에 항거하여 그 무엇이라도 했던 민중들과 영웅들에게, 큰 부채를 지고 있다.

광주민중항쟁을 포함한 한국 근현대사의 역사적 사건들은 과거를 회상하는 재료보다 미래를 향한 이정표로서 활용되어야 마땅하다. 지금, 여기, 한국에 살고 있는 우리들에게 어떤 사회경제적 과제와 문제들이 있는 지를 직시하고, 우리들은 위의 역사적 사건들에서 얻었던 지혜와 경험을 사회경제적 해답을 찾는 데 써먹어야 한다. “나때는(라떼는) 말이야 말이야” 처럼 과거에 머물러서는, 끊임없이 변화하는 국제정세와 새롭게 대두되는 각종 현안들과 과제를 외면하게 된다. 적절한 예일지 몰라도 오늘날 오월단체 -광주민중항쟁 단체-들이 내부적인 갈등과 반목으로 대중들의 지지는커녕 국민들에게 지탄을 받을 수 있는 지경에 당도했다.

광주민중항쟁은 민중들의 지지와 행동의 열매이다. 항쟁에 참가하여 직접 희생을 당하거나 고초를 겪은 부상자와 유공자의 몫도 크다 할 수 있다. 국민들이 자각하여, 민중이 되어 역사의 수레바퀴를 앞으로 돌려, 오늘 우리가 직면하는 과제의 해법들을 제시한 것이다. 광주민중항쟁은 다음의 점에서 미래의 지표로 그 가치가 크다 하겠다.

첫째, 천부적 인권이다. 개인 생명의 존귀함을 추구했던 저항정신은 한국을 포함한 지구상 모든 국민들과 외국인들이 갖는 인권을 보장하는 것과 통한다. 외국인도 사회구성원으로 받아들이는 열린사회는 선진 국가로서 지표중 하나이다. 사회구성원 누구에게나 천부적 권한, 즉 생존과 생활을 할 수 있는 권리를 국가와 지자체 등이 앞장서 보호해야 한다. **인간이 존귀하니, 함께하는 동물들과 자연도 존경되어야 할 것이다.** 동물들과 자연을 아끼지 않고 귀하게 여기지 않는 경제 활동과 사회 제도는 고쳐져야 한다.

둘째, 공동체 정신이다. 광주민중항쟁 기간 짧지만 매우 강했던 공동체의 유대감을 항쟁 참여자들은 기억할 것이다. 민중들이 각자의 재능과 가지고 있는 것들을 아낌없이 공동체의 존속을 위해 내주었다. 그 대동 세계에서 모든 사람들은 천사처럼 아름다움을 보인 것이다. 화가 홍성담의 판화에서는 항쟁당시 주먹밥을 나누고 기뻐하는 아름다움이 잘 표현되어 있다. 시장주의 경제를 기반으로 하는 현대 사회는 때로는 매우 치열한 경쟁과 갈수록 커지는 빈부격차를 낳고 있다. 광주민중항쟁의 공동체 정신은 사회 구성원들이 손을 맞잡고 함께 나아가면서 밝고 아름다운 사회를 만들려는 여러 노력과 운동으로도 실천된다. 더 하자면, 공동체 정신은 사회 구성원들에게 공정한 경쟁을 보장하고 경쟁에서 뒤처진 구성원에게도 인간으로서 생활권을 보장하는 사회보장 제도로도 파급될 수 있다.

셋째, 평화다. 광주민중항쟁은 평화를 원하는 세계 민중들의 연대를 확장하였다. 항쟁기간 혹은 후에 독일의 베를린과 프랑크푸르트에서, 일본의 동경, 오사까, 교토에서, 미국의 LA와 뉴욕에서 항쟁에 대한 지지와 응원 그리고 연대를 우리는 확인할 수 있다. 100년 가까이 전쟁이 벌어지고 있는 한반도에도 이러한 평화의 씨는 널리 널리 번져야 할 것이다.

넷째, 참여다. 잘못된 법제도와 모순과 기본권 억압 등에 대해서는, 전 김대중 대통령의 말씀처럼, 벽에라도 소리를

치고 반걸음이라도 참여를 해야 한다. 광주민중항쟁의 부상자와 유공자들도 미래 세대, 미래 대한민국, 미래의 광주를 위해 무얼 요구하기보다 무엇을 할 것인가 고민하고 참여와 행동으로 모범을 보여야 한다. 출생 절벽과 고령화 사회에 직면한 오늘의 한국은 분야 분야마다 개혁과 새로운 시도와 대중들의 참여를 기다리고 있다.

5월에 들어 동학혁명과 광주민중항쟁에 흐르는 정신으로서 인권, 공동체, 평화, 참여를 꼽아보았다. 이 정신들은 광주와 전남뿐만 아니라 인류가 미래로 항행할 때 필요한 나침판이 될 것으로 확신한다.

지역소멸 위기, 한국특성 반영한 분석으로 해법을 찾아야

-광주와 전남의 발전을 향해 3-

2024. 6. 18.
박용안
광주매일 투고

우리나라 「지방자치분권 및 지역균형발전에 관한 특별법(제2조 12호, 인구감소지역)」과 동법 시행령(제3조)에서는 지역소멸 우려가 있는 인구 감소지역을, 행정안전부 장관이 정하도록 하고 있다. 행정안전부에 2021년 자료에 의하면 우리나라 인구감소지역은 전국 229개 시군구중 89개로 38.9%를 점한다. 시군구 10개 중 4군데가 소멸을 경험하고 있다. 전라남도에는 16개 군을 포함하고 있어, 전남 농촌지역은 다른 지역보다 강한 소멸위기를 경험하고 있다. 정부는 인구 감소 등 지역소멸에 대응하여 지역에 활력을 불어넣기 위해 수 조원의 예산을 투입하고 있으나 소멸현상을 막기에는 역부족으로 보인다.

정부의 소멸지역 설정은 연평균 인구증가율 등 8개 요인을 고려하지만 가장 근간은 출생율이다. 우리나라 합계출생율(total fertility rate: 가임 여성 1명당 평생 예상되는 출생아수)은 1970년 4.53명에서 1983년 2,06의 저출산으로 전환된 이후 2023년에는 0,73명으로 하락되었다. 우리나라가 세계 유일의 합계출산율 1명 미만의 국가인 점을 고려할 때 출생율 저하 등에 따른 지역의 소멸 위기는 국가안보전략연구원의 정준오(2024)에 따르면 국가의 소멸 위기로까지 평가되고 있다. 박명림(2024)은 지방(혹은 지역, 본고에서는 양 개념을 혼용함)을 근대국가의 가장 기초단위로 보고 해법을 고려하고 있다.

우리나라 농촌은 1980년대 초까지만 해도 수 천년 동일한 생산방식과 공동체를 유지하다 이후 인구 이동과 감소 등 급격한 변화를 보였다. 전라남도의 경우 1970년 인구 410만 명 인구밀도 340명/km^{2}에서 1980년 385만 명, 316명/km^{2}으로 1985년에는 378만 명 309명/km^{2}의 절대인구 감소와 도시권으로 인구 이동을 보이고 있다. 설사 광주광역시 인구를 고려하더라도 광주 전남권의 2023년 인구는 323만 명으로 지속적 감소세를 보이고 있다.

소멸지역과는 다르게 수도권 인구는 2020년부터 비수도권 전체 인구를 상회하는 한편 다른 지역의 젊은 연령대를 빨아들이고 있다. 수도권의 삶 역시 만만하지 않다. 통계청과 전현우(2024) 등에 의하면 수도권 직장인들은 매일 20.4km를 83분 이동해야하는 교통 고통을 겪고 있다. 지역소멸 현상과 동시에 대도시로의 인구집중과 사회·교통 인프라들이 집중 배치되는 복합적 문제와 현상들이 발생되고 있다. 수도권은 수도권정비계획법에 의해 인구 집중과 경제활동의 과밀화를 일부 제약받고 있으나, 그 효과는 의문이다. 지역내 사회·교통·문화·교육 등 기반시설에 정부 재정투입 등의 타당성을 결정하는, 예비타당성 조사 제도에서 수도권은 인구와 산업 과밀화로 인해 높은 경제성으로 투자타당성을 타 지역보다 높게 인정받게 된다.

지역의 소멸 현상과 위기는 우리나라만의 문제가 아닌 중국, 유럽, 일본 등 세계적으로 나타나고 있다. 다른 나라에서도 농촌과 지역도시의 쇠퇴를 겪고 중심 도시에 인구와 산업활동이 집중되고 있다. 인구감소, 출생율저하, 지역소멸 현상을 동시적으로 겪는 우리나라와 다르게, 다른 나라에서는 인구의 급격한 감소와 출생율의 극단적 저하를 극복하거나 경험하지 않고 있다. 참고로 통계 전문기구 Statista에 의하면 세계 합계출생율은 1963년 5.32에서 1983년 3.58, 2023년 2.31로 점차 하락되고 있다.

우리나라 지역소멸 현상은 우리나라만의 독특한 특성이 있다. 우리나라에서는 국가 주도의 수출위주 경제발전 진행(1960년대 이후), 농촌·어촌 등 공동체의 급격한 해체와 소멸(1970년대 이후), 경제의 글로벌화의 진행, 교통과 사회문화 인프라의 수도권 집중화, 수도권의 과밀화, 대학 졸업정원제(1981년)와 입학정원 자율화(1985년), 수도권 대학으로 진학 집중, 수도권 등에서 삶의 질 저하 등 동시다발적 현상과 원인들이 뒤엉켜 발생되었다고 판단된다. 가족과 가정을 중심으로 한 농촌 등에서 공동체의 급격한 붕괴와 경제 글로벌화 등은 물질만능주의를 확산하는 한편 자연스럽게 출생율 저하를 초래한 하나의 원인으로 작용한 것으로 판단된다.

광주와 전남의 지역소멸 현상에 대해 위에 언급한 다양한 현상과 원인을 우리나라 특성을 반영하여 실용적으로 분석하고 이를 바탕으로 해법을 모색할 필요가 있다. 광주와 전남의 지역소멸은 지역과제일 뿐 아니라, 이에 대응하는 과정에서 세계적 인구감소에 대한 다양한 가치관(지방소멸의 긍정 및 부정적 평가 등)을 포용하는 한편 인류의 새로운 지혜를 가져올 것으로 판단된다.

지역경제 활성화로 국가소멸 위기 낮춰야

-광주와 전남의 발전을 향해 4-

2024. 7. 16.
박용안
광주매일 투고

UN의 「세계인구전망 2024」에 따르면 우리나라 인구는 2023년 5,176만 명에서 2040년 4,910만 명, 2070년 3,471만 명, 2100년 2,200만 명으로 충격적인 감소세를 보일 것으로 전망된다. 멀지 않은 미래인 2030년대에 인구가 5천만 명 이하를 기록하게 된다. 2024년 7월 출간된 OECD의 한국경제조사(OECD Economic Surveys Korea)에서도 한국의 인구 감소를 주요 주제로 다루고 있다.

부모가 있어야 자식이 있듯이 급격한 인구감소와 출생율 저하는 우리나라에서 있었던 그동안의 사정을 반영한 것으로 보인다. 우리나라는 일본제국주의로부터 독립이후 절대적 빈곤을 체험한 저개발국에서 2023년 세계 7위(수출기준)의 무역강국으로 급성장하였다. 1953년 2,050만 명이었던 인구는 1950년대 후반부터 시작된 다자녀 갖기(baby boom) 추세에 따라 급격한 인구증가를 겪었고

2014년에 인구 5천 만 명을 돌파하였다.

경제성장의 와중에 수천 년간 큰 변화가 없었던 농어촌 공동체는 급격히 해체되어, 지역 거점도시의 팽창에 이어 수도권으로 인구 집중이 이어졌다. 수도권에는 다양한 원인으로 산업시설들과 사회·문화·교육·교통 시설이 집중되어 왔다. 이러한 집중을 약화시키고자 한 수도권정비계획법도 여러 이유로 무력화되고 있다.

인구감소, 지역소멸, 수도권으로 인구집중의 병행을 어떤 시각으로 분석하느냐에 따라 그 해법과 정책 방향이 정해질 것이다. 지역소멸과 국가 인구감소라는 현상을 고찰할 때. 주요인으로 낮은 합계출생율을 많은 기관과 저자들이 지적하고 있다. OECD의 한국경제조사(2024년)도 한국의 인구감소 주제에서 가장 먼저 여성들의 출생율 저하를 분석하고 노동시장에서 남녀 간 이중적 시장구조를 서술하고 있다. 이 OECD의 분석은 일견 타당해 보이지만, 한국의 특성을 우선적으로 고려하지 않은 것으로 보인다.

첫째, 1987년 육아휴직제의 도입, 2008년 호주제 폐지, 유급 육아휴직제 등 여성과 남성들의 권리증진과 근로조건 개선에도 불구하고 출생율은 지속적으로 저하되고 있다. 1950년대 말과 1960년 중반까지 높은 출생율은 당시 중추 산업이었던 농업에서 높은 소득을 창출하려는 각 가계의 의도와도 관련이 있을 것으로 사료된다. 이후 중공업 위주 산업화, 정보화, 스마트화가 진행되면서 각 가정에서 경제생활을 하기 위해 농업 위주 경제에서처럼 많은 식구들을 필요하지 않게 되었다.

한국 경제가 농업 위주에서 정보화와 스마트화 위주 경제구조로 점차 변화하는 것을 고려할 때, 인구 감소가 과연 염려스럽고 나쁜 것(bad)인가에 대한 물음을 제기할 수 있다. 농어촌 공동체의 급격한 해체로 공동체 정신이 물질위주의 개인 이익중심의 사회로 전환되고 수도권에서 심한 경쟁과 스트레스는 그 결과로 저출생을 가져온 것으로 보인다. 즉 저출생 현상은 한국의 성장과정과 경제구조에서 개인의 합리적 선택일 수 있다는 것이다.

한국의 산업구조도 저출생에 한 몫을 하는 것으로 볼 수 있다. 재벌 기업들이 생산하는 몇 개 품목에 집중된 한국의 수출은 반도체, 자동차, 선박, 강철, 석유화학제품에 지나치게 의존하고 있다. 수출의 성과가 전방 혹은 후방 관련 산업을 통해 지역에 광범위하게 확산되는 구조보다 재벌들의 계열기업에 집중되어 있다. 반도체 공장과 관련 산업들은 수도권에 집중되어, 수도권 과밀화를 더욱 초래하고 있다. 과밀화된 대도시권에서 삶의 질 악화가 초래되어 상대적으로 저 출생율을 초래하고 있는 것인지를 따져 보아야 한다.

둘째, 통계청이 2024년 2월 발표한 시도별 합계출생율(합계출산율)을 보면 가임여성 1명당 2023년 추계치로 전국은 0.72명이지만 대도시권은 이보다 낮은 데 반해 지역에서는 높다. 서울 0.55명, 부산 0.66명, 인천 0.69명 대구 0.7명 광주 0.71명 등이다. 지역에서는 전남 0.97명, 충북 0.89명, 강원 0.89명, 경북 0.86명으로 지역인구 구조가 서울 등 대도시권보다 고령화가 더 진행된 측면을 고려하면 20대~40대 지역의 출산율은 더 높아 1에 가까울 수 있다.

대도시권보다 지역 소멸 위기를 직접 겪는 지역에서 출생율이 더 높은 것은 많은 의미와 정책 개선을 던지고 있다. 젊은 층들이 수도권에 비해 상대적으로 스트레스를 덜 받는 지역의 사회환경이 출생율을 높게 하는 것인지를 조사

해야 할 것이다. 이러한 원인이 명백하다면, 한국의 출생율 저하는 수도권 경제집중의 분산 정책, 젊은 층에 대한 스트레스 해소, 중소기업 등 지역기업에 대한 조세 및 재정지원 등 지역경제 활성화 정책으로 풀어야 할 것이다.

수도권 과밀화 방지와 지역거점 구축해야

-광주와 전남의 발전을 향해 5-

2024. 8. 16.
박용안
광주매일 투고

지난 8월 9일 서울시장 오세훈 씨는 서울권 그린벨트를 풀어 신혼부부를 위한 주택을 공급하겠다는 방안을 발표했다. 이를 통해 서울에 1만 가구를 추가하겠다는 계획이다. 오세훈 씨는 덧붙여 결혼과 출산을 포기한 세대를 위한 정책임을 강조했다.

우리나라의 저출생 현상이 국가생존 여부를 장기적으로 결정할 중요한 변수임은 사실이다. 저출생 현상을 수도권의 추가 집중으로 해결하겠다는 인식은 대단히 본말을 전도하고 있으며 저출생 원인에 대한 성찰을 담고 있지 않다. 서울 등 수도권은 우리나라 주택공급의 주요 대상지였고, 그동안 수백만 호의 주택들을 공급받아 왔다. 이러한 대규모의 주택공급 물량공세에도 2023년 시도별 합계출생율에서 서울은 0.55명으로 전국 0.72명보다 매우 낮다.

수도권 일극체제의 강화는 수도권과 지역 거점간 경제·문화·교통·교육 등에서 격차를 더욱 확대하게 된다. 아울러 지역에서 구도심의 쇠락과 신도심에서 수도권으로 주 소비층의 이동을 초래할 수 있다. 수도권 등 우리나라의 낮은 출생율을 제고하기 위해서는 미봉책에 불과한 주택공급 등 수도권으로 일극 체제 추구보다는 산업활동과 국가 행정조직을 다수의 지역거점 중심으로 점차 재배치해야 한다. 광역시 단위와 기초자치단체에 지역거점을 구축하고 지역내 하위 거점들과 사회문화·교육·교통·의료 등의 긴밀한 연계를 지원할 필요가 있다.

지역 대도시들은 도시공간의 재배치, 신도심의 형성 등으로 구도심의 침체, 인구의 전출과 감소, 구도심 지역의 고령화 가속 등 역동적 변화를 겪고 있다. 새로운 중심상가 지역은 초고도의 상업시설과 주거시설들을 중심으로 젊고 활기찬 소비층을 빨아들이는 한편 초고도화된 공간구조로 효율적 교통과 상업적 네트워크를 구축한다. 이에 반해 구도심권은 상수도와 도로 등 인프라의 낙후화, 주요 소비층의 전출, 고령화, 상권의 급격한 축소에 따라 지역경제의 침체가 가속화된다.

광주광역시의 2023년 신생아 등록(행정안전부 자료)을 보면, 시 전체로 6,246명인데 구도심인 동구에서 544명인데 반해, 북구 1,865명, 광산구 1,947명, 서구 1,036명으로 구도심에서 주 소비층의 상대적 위축을 볼 수 있다. 순천은 더욱 명료하게 공간적 변화와 상권의 변화를 보인다. 2023년 순천시 출생아 수는 1,409명인데 승주읍에서 1명, 월등면 1명인데 신대출장소에서 365명을 기록했다. 이러한 지역내 구도심과 신도심의 인구이동과 상권이동은 곳곳에서 확인된다. 부산에서 2023년 출생아수는 1만 3,172명인데 구도심인 중구 73명이지만 해운대구 1,424명 부산진구 1,638명 등 격차를 보인다.

서울권 그린벨트의 해제와 아파트 대단지 건설은 수도권 과밀화를 더욱 심화시키는 한편 지역 거점도시내 상권의 위축과 주 소비층의 수도권으로 전출을 확대할 수 있으며, 지역소멸을 더 부채질할 것이다. 지역내 하위 지역단위에서 출생아수 1명 등 지역소멸을 실제 겪고 있는 점을 고려하면, 지역에서 사회·문화·교육·교통·의료의 다양한 유기적 연계를 가능하도록 지역 거점과 하위 지역단위에 대한 정부의 전폭적 지원이 요구된다.

지역소멸은 결국 국가 파탄이다

- 광주와 전남의 발전을 향해 6 -

2024. 10. 22.
박용안
광주매일 투고

여러 방면에서 커다란 노력에도 불구하고 수도권 집중이 가열되고 있다. 수도권에 인구 과밀화는 물론이고 기업의 신규 투자, 기업 본사의 입지, 상장회사 자본금 비율, R&D 투자, 신용카드 사용액 비율에서도 집중 현상은 지속되고 있다. 수도권의 과밀화와 일극 체제는 현 정부에서도 백조 이상 예산이 투입되는 수도권 광역급행철도망(Great Train eXpress: GTX)-8개 노선-등으로 공고화되고 있다.

국토교통부가 친절하게 2024년 발표한 교통분야 3개 혁신 전략은 수도권 혼잡 완화를 우선 과제로 선정하고 있다. 정부는 100 조원 이상을 투입해 수도권에서 출퇴근시간 30분대를 목표로 초연결 교통망을 구축할 계획이다. 게다가 기존 지상에 있는 철도와 도로를 지하화해 상부 공간에 주거 · 산업 · 문화가 융합된 혁신 거점을 구축하려 하고 있다. 지역에도 찔끔 생색을 내고 있다. 대전-세종-충북 광역철도의 건설, 부산 · 울산 · 경남, 대구 · 경북, 광주·전남에도 지자체와 협의해 급행철도로 추진을 검토하겠다는 것이다.

지하와 지상의 초연결 교통망을 이용해 수도권 거주자들에게 출퇴근 시간 30분대를 보장하려는 이 계획은 수도권과 밀화를 더 부채질할 것이다. 서울 외곽의 위성도시들과 거주 공간들은 더 비대해지면서 지역에서 젊고 유능한 구성원들의 유출과 수도권으로 유입을 촉진하고, 그러한 유입을 근거로 또 새로운 교통망을 구축하는 악순환이 반복될 것이 뻔하다.

이러한 악순환만이 문제가 아니다. 수도권 과밀화는 저출생을 더 확산해 지역의 소멸은 물론이고 국가 인구의 절대적 감소를 장기적으로 초래해 결국 국가가 파탄을 맞이하게 될 수 있다. 서울시장이 약속한 그린벨트의 일부 해제를 통한 주택공급과 유사하게, 수도권의 새로운 교통망 구축은 국가 운영에 대한 기본 인식마저 결여하고 있다. 수도권 과밀화는 젊은 층의 삶을 더 고난스럽게 해 OECD 국가 중 최악인 우리나라의 저출생 현상을 장기적으로 공고히 할 것이다.

수도권 과밀화는 정부 예산투입과 사업의 타당성을 검토하는 소위 예비타당성 분석에서 과밀화됐다는 이유만으로 경제성 분석에서 타당한 결과를 가능하게 한다. 인구와 상권 등이 소멸되는 지역에서는 예비타당성 분석에서 수도권에 비해 낮은 경제성을 보일 수 밖에 없다. 갈수록 줄어드는 지역 인구는 우리나라 내수를 축소해 대외의존도를 더 높이는 한편 내수기반의 제조업, 서비스업, 유통업, 건설업 등의 붕괴를 가져올 수 있다. 글로벌 경쟁력을 보유한 한국의 재벌 기업들도 위축된 국내시장으로 인해 지금까지의 내수 공급과 수출을 병행하면서 성장하는 장점과 환경을 누리지 못할 것이다.

1966년부터 검토된 수도권 과밀화 방지와 인구분산 정책은 60년이 다 되가는 2024년에도 윤석열정부 들어 더 길을 잃게 됐다. 지역소멸과 국가파탄을 동시에 대응하는 정책을 최우선 순위로 조정해야 한다. 저출생 등 인구구조 변화는 수 년 사이 해결되기 어려우며 수 십년간 정부에서 부단하게 대책을 수립하고 집행해야 하는 근본 과제이다.

지역소멸은 곧 국가 파탄을 가져올 수 있다. 내수와 수출을 병행해 성장해 왔던 한국의 제조업에게도 적신호를 주고 있다. 국가와 지자체가 지역 중소상공인들의 고통을 헤아려 총력을 다해 나서야 할 때이다.

트럼프 재당선, AI, 지역소멸

-광주와 전남의 발전을 향해 7-

2024. 11. 18.
박용안
광주매일 투고

최근 미국 대통령 선거에서는 민주당 해리스 후보의 우위라는 당일 여론조사에 반해 트럼프 전 대통령이 크게 앞서 당선되었다. 선거 당일 공표된 해리스가 앞선다는 여론조사 발표가 어떠한 정치 공학에 뒤집혀 졌는지 분석하기도 전에, 일론 머스크가 트럼프 당선자 손녀 딸의 삼촌으로 새로운 지위를 누린다는 소식이다.

트럼프 당선자는 새로이 출범할 정부효율부(Department of Government Efficiency) 장관으로 일론 머스크를 11월 13일 지명하고, 열렬 공화당원으로서 작은 정부를 추구하는 Vivek Ramaswamy씨와 함께 그 부서를 이끌 것을 요청하였다. 트럼프의 일론 머스크에 대한 기대는, 그를 the Great Elon Musk라고 대단하게 호칭함으로써, 명확해지고 있다(참고로, the Great은 알렉산더 대왕 등에게 덧붙이는 호칭임). 트럼프는 정부효율부를 미국의 원자폭

탄 개발계획인 Manhattan프로젝트와 동격으로 보고 연방정부 기구들을 점검하고 대통령실에 자문하는 정부 외 정부로 기능하기를 바라고 있다. 일론 머스크는 기업가로서 활동도 하면서 연방정부를 재조직하는 지도자로서도 부상한 것이다.

장석준(2024.11.13.)의 분석처럼 미 대통령 선거의 수혜자 중 하나는, 일론 머스크로 상징되는 글로벌 플랫폼 기업/빅테크 기업들일 수 있다. 이 기업들은 수익모델을 통해 데이터 제공자에게 오히려 돈을 받고 글로벌 데이터를 손쉽게 수집하여 이를 가공·처리해 다시 새로운 사업모델을 만들어 돈을 긁어모으고 있다.

트럼프의 재당선은 X, 구글, 유투브, 페이스북 등 SNS를 기반으로 하거나 빅데이터를 수집하고 상품화하는 글로벌 플랫폼 기업/빅테크 기업에게 새로운 사업기회를 제공할 것으로 기대된다. 트럼프가 암호화폐를 국가 자산으로 확보하고자 하는 등 우호적인 정책변화도 감지된다. 일론 머스크는 자신의 사업을 하면서 연방정부를 기업에 맞게 정비할 수 있어, 미국 정부와 플랫폼 기업/빅테크 기업간 유대와 정책 협력은 더욱 광범위하게 실천될 것으로 전망된다.

트럼프 2기 정부와 글로벌 플랫폼 기업/빅테크 기업의 밀월관계는 거대 언어모델(Large Language Model ; 어마무시한 양의 언어를 기반으로 하는 컴퓨팅 모델) 기반의 인공지능(artificial intelligence : AI)등 글로벌 빅데이터의 적용 분야를 확대하고 더 발전시킬 것이다. Chat GPT(Large Language Model ; 거대 언어모델을 기반으로 트레이너에 의해 사전에 학습받고 평가받은 후, 물음에 적합한 대화형 결과물을 생성하는 컴퓨팅 모델)와 유사한 AI의 등장과 발달은 개인과 지역의 경제활동과 삶을 더욱 글로벌 플랫폼 기업/빅테크 기업들에게 의존하게 할 수 있다.

글로벌 빅데이터를 바탕으로 한 새로운 생산과 소비 방식은 하버드 대학의 로베르토 웅거 교수의 「지식경제의 도래」에서 주장처럼, 개인에게 새로운 사업기회와 가능성을 주되, 매우 제한적일 것이다. 개인들은 자신의 고유한 데이터를 자발적으로 글로벌 플랫폼 기업/빅테크 기업들에게 제공하는 한편, 데이터 이용과 가공시에는 이들에게 유료로 구입하는 등 종속되는 틀에서 벗어나기 힘들 것이다.

우리나라내 지역으로 초점을 전환하면, 트럼프의 집권에 따라 글로벌 플랫폼 기업/빅테크 기업들의 세계 시장 지배는 더 확대될 것으로 보이며, 데이터 축적과 활용에 열악한 지역의 경제적 소외를 심화할 수 있다. 트럼프 2기 정부의 출범에 대비하여 지역소멸을 방지할 정책수단들을 세밀하게 개발해야 할 것이다. 국내 자생적 기업들의 성장을 전제로, 데이터 주권과 데이터 무역에 대한 관세부과 등도 검토해야 한다.

12 · 3 내란반역과 대량학살 수행

-광주와 전남의 발전을 향해 8-

2024. 12. 18.
박용안
광주매일 투고

역사에서 배우지 못한 똥파리들이 있다. 멀지 않은 1980년 불법적인 계엄선포는 선량한 국민들에게 총칼을 들이대고 헬기에서 기총사격을 가하는 등 만행과 학살 행위를 저질렀다. 광주시민을 중심으로 국민들은 계엄군의 위협하에서도 대동세상을 향한 거룩한 발걸음으로 아름다운 조국에 대한 씨를 뿌렸다. 학살자들은 처벌을 받았다.
며칠 전에 발생한 친위쿠테타는 내란반역의 현행범을 중심으로 지금까지 수행중이다. 서울, 부산, 대전 등에서 반역자들을 동조하는 사람들을 종종 만나곤 한다. 계엄이 뭐가 어때서라고 말이다. 응수하기를, 당신들 계엄 제대로 경험해 봤냐고 묻는다.
무모한 여행자인 필자는, 국내에서는 수 차례이지만, 다른 나라에서도 계엄을 경험하였다. 대개의 경우 최소한 수도(우리의 경우 서울)에서 정부군과 반군의 전투 혹은 대량살상 등이 일어난 경우, 적을 진압하려고, 전시임을 알리고 준비하는, 계엄을 발동한다. 며칠 전처럼 선량한 국민들과 적법하게 선출된 국회의원, 헌법기관 종사자들, 재판관, 같은 정당의 대표자 등을 적으로 간주하고, 본인의 안위와 권력을 유지하기 위해 계엄을 선포하는 경우는 듣도 알지도 못한 마귀의 행동이다.

국민들이 맡긴 군 통수권을 본인의 악마적 살육 본능을 충족하려고 사용하는 이번 계엄은 내란반역과 아울러 집단학살을 수행했다. 이번 계엄과정에서 적을 살상하도록 고도로 훈련된 부대에 무기를 지급하고 곳곳에 배치한 것은 집단 학살을 부분적으로 실천했다고 볼 수 있다. 광주민중항쟁에서 군인들이 살육과 폭력에 점차 광분해 갔던 것을 우리는 기억하고 있다.

이번 계엄은 국민들에 대해 총부리를 겨누고 집단적인 학살을 수행했다는 점에서(절대 미수와 계획이 아님) 인류에 대한 범죄로 처벌받아야 한다. 여기저기서 초등학교 중학교 고등학교 대학교 학생들, 남녀노소 가리지 않고 국민들이 나선다. 느닷없이 국민들을 총칼로 위협하는 대통령이 제정신이냐고 묻는다.

자료 · 통계 · 정보화와 농민의 대응 방안

2018. 07. 28
박용안
해남신문 투고

최근 일본경제신문(2018년 7월 1일)에 따르면 일본의 편의점에서는 인공지능(Artificial Intelligence: AI) 기술을 이용하여 품목별 매상고를 예측하고 있다. 매상고를 예측하는 이같은 인공지능 기술은 물론 주변의 연령대별 인구, 차량과 사람의 통행량, 경쟁하는 편의점 수 등의 자료를 입력함으로써 가능하게 된다. 이제 사람의 경험과 직감 그리고 믿음에 의존했던 사업의 전망이 다양한 자료를 투입하여 그 결과로서 나타나게 된다.

주로 국가가 자료를 수집하고 가공하여 기록하고 통계로 발표하는 데에는 1년 혹은 1년 이상이 소요되어, 자료를 산업현장에서 활용하는 데에는 부족한 현실성과 낮은 신뢰도 등의 문제가 있었다. 몇년 주기로 반복되는 마늘파동, 돼지와 소 가격의 급등과 급락 등 농작물과 축산업에서 발생되는 문제는 작물과 축산물의 가격 결정에 정확한 자료와 정보가 매우 중요하다는 것을 알리고 있다.

오늘날 소매점들은 구매시 할인적용(포인트 제도 등)을 통해, 자료를 축적하고 이를 정보화하여 어떤 소비자들이 무엇을 언제 얼마만큼 구매하는지 알게 된다. 이러한 정보는 특히 농산물 등 시간 경과에 따라 즉시 폐기해야 하는 농산물과 수산물의 재고 관리에 매우 중요하다. 소매점들은 자신의 직감과 경험 등에 의지해 장래 팔린 물건들을 진열하여 이를 소비자들이 선택함으로써 매상을 올리게 된다. 만약 소매점이 국가가 관리하는 매월 혹은 매년 특정 농산물 예로 양파와 당근의 판매 통계에 의지한다면, 그 소매점의 정보를 현실에서 이뤄지는 소비자들의 구매와 동떨어지게 된다.

농업에서도 이러한 농작물의 가격 변동 폭을 줄이기 위해, 정부는 한국농촌경제연구원에 농업관측본부를 두고 농산물에 대한 관측과 전망을 발표하고 있다. 이 농업관측본부는 농민과 영농인들을 대상으로 재배의향, 파종실적, 작황, 가격 등 각종 자료를 수입 분석하여 이를 미래 가격과 작황을 예측하고 있다.

그러나 전국적인 가격 동향과 작황 정보는 광범위한 지역과 시장을 대상으로 하고 있다. 따라서 이러한 작황정보에 의해서는 해남의 농민 가나다 씨가 예로 절임배추를 서울 가락시장 (혹은 지역 소매점)에 2018년 12월 1일 출하할 경우 얼마의 가격에 얼마 만큼 판매될지 예측하기 어렵다. 더 구체적 자료를 가공할 경우는 어떻게 될까? 한국농촌경제연구원에 농업관측본부에서 모든 작물과 각 지역 농민과 영농인의 사정에 맞춰서 재배의향, 파종실적, 작황, 가격 등 각종 자료를 수입 분석한 후 이를 다시 지역의 수요와 연결하여 정보화하기는 경우에 수가 너무 많을 것이다.

이제 농민과 영농인의 지역 조합과 단체에서도 새로이 자료의 자동적 수집과 정보화에 눈을 둘 때이다. 도시의 소매점에서처럼 소비자들의 취향과 구매 행위를 즉시적으로 처리하여 이를 농산물과 축산물의 출하로 연결하는 노력이 요구된다.

농민들이 직접 자료를 수집하고 처리하기 어려운 현실을 감안할 경우, 도매점과 소매점 그리고 편의점들의 정보처리를 이용할 필요가 있다.
농민들이 농사를 짓는 것도 어려운 데 정보화시대에 맞춰 적응하는 것은 새로운 도전일 것이다. 농민 개개인의 대응이 아닌 지역 조합과 단체의 조직된 역량과 자원을 통해 자료의 가공, 해석, 활용하는 기법을 축적해야 할 것이다. 이러한 자료 처리기술을 점차 인공지능 등 새로운 기술과 연결하여 농업과 축산업에 내재한 위험을 감소시킬 필요가 있다.

농업과 농촌에서, 신 사업과 창업을 통한 경영혁신

2018. 08. 31
박용안
해남신문 투고

돈은 사람에게 매우 필요하며 절대적 생활수단이다. 사람은 다른 사람의 물건과 수고를 갖고자 할 때 혹은 이용할 때 그 대가를 주어야 하는 데 이를 돈을 주는 것으로 해결한다.

사람들은 돈을 모음으로써 새로운 사업에 도전하거나 어려운 여건을 맞이했을 때에 저축한 돈을 쓰기도 한다.

오늘 날 돈은 각국의 중앙은행 혹은 주요 은행에서 발행한다. 개인들은 화폐를 보유하며 부를 돈으로 계산해보고 재산을 얼마나 축적했는지 가늠한다.

이러한 돈의 소유는 상대적이다. 1960년대 혹은 1970년까지만 해도 100원이 큰 돈이었으며, 1980년대에도 수 백만 원으로 지방도시에 집을 살 수 있었다.

서남권 지역경제, 살릴 수 있다 - 광주매일 기고문

2010년 후반인 지금, 서울의 경우 10억 원의 아파트 보유는 이야기 거리가 아닐 정도로 돈의 가치는 낮아 졌으며, 더 많은 재산 혹은 돈을 보유해야 만 부자로 생각될 정도이다.

돈을 만들어내는 경제활동은 새로운 사업과 새롭고 혁신적인 기술을 도입하는 등으로 끊임없이 변화되어 왔다.

우리 경제가 농업중심에서 경공업, 중공업, 반도체 등 가전제품과 정보화 산업으로 발전되면서 농업의 위상은 점차적으로 축소되어 왔다.

농업은 사람이 생존하는 데에 필요한 의식주 중에서 먹을 것을 주로 공급한다. 정부에서 수매하는 쌀값은 매년 크게 인상되지 않는다. 사람은 하루 세끼 이상을 먹기 힘들다는 점에서 농산물에 대한 수요는 안정적이지만 한정적이다. 또한 식생활이 서구화되고 다양해지면서 수요확대나 성장도 크게 기대하기 어렵다.

이에 반해 게임 산업, 휴대폰을 응용한 신 사업, 문화 산업 등은 새로운 성장 산업으로 발돋음하고 있다.

농업에 종사하고 농촌에 거주하고 있는 농민들에게도 새로운 기술변화와 경영여건 변화는 밀물처럼 밀려오고 있다.

경량 항공기와 드론을 이용한 농산물 경작, 3D 프린터를 이용한 기기와 장비의 제작, 자신의 집에서 농작물을 활용한 창업활동 등 다양한 변화가 발생하는 한편 건강과 휴양 등과 연계된 새로운 형태의 서비스와 상품이 팔리고 있다. 이 같은 기술변화와 우리 경제의 산업구조 변화에 농민들은 적극적으로 대응방안을 찾아봐야 할 것이다.

농업과 농촌을 활기차게 할 수 있는 정부와 지방정부의 정책, 농업경영의 몇 가지 새 아이디어를 제안하고자 한다.

첫째, 정부와 지방정부는 농촌에서 신 사업과 창업을 활성화하도록 농촌형 신 사업 거점을 구축할 필요가 있다. 예로 국내 혹은 국제 전자상거래 거점(플랫폼)을 구축하여 지역 농민들이 공용으로 이용하게 하는 것이다.

사업의 내용을 정부와 지방정부에서 제한하기 보다, 농민이 창조적 사업 아이템을 발굴하고 경영하도록 지원하는 것이 필요하다.

둘째, 농업을 기반으로 한 창업 자금 융자와 사무실 지원이다.

농업과 축산업을 기반으로 새로운 방식의 제품과 서비스 개발에는 초기 투자위험을 낮추는 것이 필요하다. 일차적으로 지자체와 농업협동조합들이 농민들의 아이디어를 공모하고 공동 투자방식으로 사업화하는 것도 검토할 수 있다.

셋째, 농림축산식품부에서 시행하는 프로그램인 농촌공동체 회사 지원 등 정부가 지원하는 사업을 토대로 사업의 고부가가치화와 다양화를 추구하는 것이다.

예로 농촌체험 사업을 가족형 체류 관광, 해남지역의 마을단위 특성에 적합한 체류관광 상품 개발, 전통 축제 참여체험 등으로 개선하여 부가가치와 소득을 제고해 나가는 것이 필요하다.

분단을 평화와 번영의 길로 바꾸자

2018. 10. 05
박용안
해남신문 투고

우리 민족은 2차 세계대전 이후 지구촌에서 가장 고통을 받고 있는 사람들 중 하나이다. 종전 이후 강대국들은 각각의 이해관계에 따라 남과 북을 갈랐으며, 이제 분단된 지 70년 이상의 세월이 지났다. 그동안 남한과 북한의 당사자들은 물론이고 미국, 중국, 일본, 러시아 등 이웃국가들과 관련 국가들도 지속적으로 반목하고 분단의 사슬에서 벗어나지 못했다.

한반도와 세계 각지의 피붙이들은 긴 세월동안 헤어져야 만했다, 분단 전 갓난아이가 허리가 잔뜩 굽어진 백발의 노인이 되었으며, 이빨마저 다 빠져버린 채 애기마냥 작아진 어머니 품에 안겨, 짧은 가족만남을 눈물로 마쳐야 했다.

남한과 북한간 교류와 통일에 대한 열망이 남북한과 주변국들 지도자간 만남과 협상으로 더 높아지고 있다. 사실 100년의 세월 동안 갈라짐과 증오, 미움을 겪었던 우리

민족은 이제 새로운 평화와 번영의 열망을 인류에게 평화와 번영의 햇불로, 태양으로 키워왔다.

남한의 여러 지도자들은 정치적 이념과 파벌의 다름에도 불구하고 통일에 대한 희망을 식지 않게 데워왔다. 멀리 분단직후인 1948년에는 김구, 김규식, 김일성 등 남북한 지도자들이 남북연석회의를 결성하였다. 노태우 전 대통령은 군사 쿠테타에 의해 수구적 지도자로 등장했음에도 불구하고 1989년 한민족공동체통일방안을 제시했다.

노태우의 이 통일방안은 연방제 통일방안의 하나로서도 인식되고 있다. 이후 김영삼 전 대통령의 민족공동체 통일방안과 김대중 전 대통령의 햇볕 정책으로 이어져 왔다.

대표적인 보수, 수구적 이념의 대변자였던 박근혜 전 대통령도 독일의 드레스덴에서 2014년 한반도 평화통일을 위한 구상을 발표하면서 통일은 대박이다 라고 외쳤었다. 박근혜 전 정부의 통일론은 물론 구호로 그치고 실질적으로는 개성공업지구(개성공단)을 폐쇄하는 등 남북한의 평화분위기를 식어버리게 했다. 여전히, 통일은 대박이다라는, 구호는 남북한 교류와 통일을 경제적 짐과 적화 통일로의

한 방안이다라는 소수의 주장을 의미없게 만들고 있다.

교류와 통일의 효과를 살펴보기 위해 미국 중앙정보국 (World Factbook, CIA, 2017)의 자료를 통해 남과 북의 여러 경제적 지표들을 합해 보자.

우선 인구에서는 세계 19위인 독일 8059만 명 다음인 7643만 명으로 세계 20위의 강대국으로 발돋움 한다. 많은 국가들이인구 5000 만 명도 유지하지 못하여 자국 수요만으로 세계적인 기업과 상품을 만들지 못하고 있다. 이러한 점에서 남북의 교류와 통합은 새로운 경제권으로 그 힘을 간직하고 있다. 중간연령도 남한이 41.8세 인데 반해 북한은 34세로 청년층 비율이 더 높아, 인적자원을 통합시 긍정적 효과가 더 크다. 출생율도 남한은 천 명당 8.3인이지만, 북한은 14.6 인이다.

하지만 국민총생산과 인당 국민총생산에서 남북한 격차는 매우 크다. 남한의 국민총생산과 인당 국민총생산은 각기 2조 달러와 3만 9400달러인 반면, 북한은 400억 달러와 1700달러에 불과하다. 수출입 규모 차이도 상당하다. 이같은 격차에도 교류와 통일은 동일한 문화와 역사를 주춧돌로 삼아 이질적 이지만 긍정적인 결실을 약속하고 있다.

개성공단의 입주기업들이 공단 재가동을 열망하고 남한의 많은 기업들이 새로이 북한에 진출하려 하는 것은 그만큼 경제적으로 이득이 되는 것을 증명하고 있다.

전남은 대표적으로 많은 농민들이 거주하는 지역이다. 교류와 통일을 향한 발걸음에 흙에서 자연의 지혜를 체득한 농민들의 참여가 절실하다. 남북한 농산물의 교역과 농산물 종자 교류, 농업기술의 전파 등을 통해 인류의 새로운 경제적 번영과 평화를 만들어야 한다.

기술혁신과 농어촌 일자리 늘리기

2018. 11. 01
박용안
해남신문 투고

우리나라 자동차 제조업체인 현대차는 최근 40톤 트럭과 트레일러를 일정구간에서 자율 운행하는 데에 성공했다(헤럴드경제, 2018년 8월 22일).

이 자율 주행차량은 카메라, 레이더 등이 부착된 장치를 장착하고 40km 도로에서 발생할 수 있는 모든 환경에 정해진 구간을 성공적으로 달렸다.

자율주행 차량의 도입은 화물차와 트랙터를 운전해 왔던 기사에게는 일자리가 없어지는 것을 의미한다.

4차 산업혁명, 드론, 무인 차량과 무인 선박, 하늘을 나르는 1-3인용 드론(차량), 인공지능, 기계화와 자동화, 로봇화 등 신기술 도입으로 도처에서 일자리가 사라질 위기에 봉착해 있다.

우리나라는 이외에도 노동 집약적 산업인 조선업과 섬유산업, 신발산업 등에서 중국, 베트남, 필리핀 등 아사아 국가들로부터 도전을 받거나 추월당하고 있는 실정이다.

유일하게 세계 최고 수준의 경쟁력을 확보하고 있는 반도체 등 분야에서는 공장 자동화 등으로 예전과 같이 대규모의 노동 투입을 기대하기 어렵다.

더욱이 우리나라의 경우, 대기업과 소수 부유층에 집중되는 특혜적인 위수탁 계약, 급여, 배당금, 기타 소득, 강연료 등 기타소득은 돈의 흐름을 왜곡하고 국민대중들이 자신들의 기술, 노동력, 농작물 등 산출물을 공정하게 팔거나 거래시키는 데 어려움을 겪게 한다.

유통과 소매업을 둘러 싼 시장에서 대기업의 진출은 골목상인들의 목을 더 죄여오는 한 축으로 작용한다. 예로, 동네 빵집의 경우 대기업의 상표를 단 바로 인접한 빵집에 의해 매출 축소와 경영 어려움으로 문을 닫고 있다.

로봇화와 부의 왜곡에 따른 파장과 효과를 명확하게 보기 위하여 3명 만이 존재하는 사회와 경제를 가정해보자.

가 아무개가 기계화와 자동화로 이득을 보고 경제에 공급되는 상품을 독점적으로 판매할 경우, 가 아무개는 재산을 나 사람과 다 사람에 비해 지나치게 많게 보유할 것이다. 나 사람과 다 사람은 이전보다 기계화와 자동화로 이전보다 적은 시간을 일 하게 되며, 절대적 혹은 상대적 소득감소가 필연적으로 발생하기 때문에 이전보다 소비를 줄일 것이다.

이에 따라 가 아무개가 판매할 수 있는 시장규모가 축소되며, 연속적으로 고용 감소와 부의 왜곡이 더 진행된다.

오늘 날 농촌과 어촌은 또 다른 근본적 변화를 겪고 있다. 그것은 인구감소와 함께 고령화와 마을 공동체의 점차적 붕괴이다.
산업화와 정보화의 진행에 따라 많은 가족들이 일자리와 좋은 생활환경을 찾아 고향을 떠났다.
남겨진 부모님들이 점차 고령화가 되어, 대를 이어 농사와 어업에 종사할 후계자가 줄어들게 되었다.

젊고 유능한 인재들이 농촌과 어촌으로 오면 고령화와 농촌 등 활력제고에 최적의 해법이 되겠지만, 젊은 층은 높은 수준의 교육과 문화를 기대하고 있어, 이들이 외떨어진 농촌과 어촌에 정착하기는 어려운 실정이다.

이제 눈을 장년층에 돌려 보자. 대기업에 종사할 경우, 50대 전후에 임원 승진과 퇴사라는 갈림길에 서게 된다. 50대에서 60대의 경우, 도시에서 일자리가 부족하고 좋은 일자리를 찾기란 더욱 어렵다. 이들을 농촌과 어촌에 새로운 일꾼으로 반길 수 있는 법제도 도입이 아쉽다.

이들은 자식들이 장성한 경우가 많아, 교육에 대한 수요도 지나치지 않다. 이들은 적절하게 정보화 흐름에 적응하며 살고 있는 세대이기도 하다.
50대 전후에서 60대까지 도시 고학력 층을 농촌과 도시에 정착하는 경제 모델과 법제도를 기대해 본다. 산업화와 민주화의 주역이었던 이들에게 기본 소득을 정부에서 보조하고 농촌과 어촌을 활성화하는 역할을 맡겨보자.

기차역의 추억 – 교통 거점으로 다양한 기능

2018.11.30
박용안
해남신문 투고

예부터 역은 먼 길의 출발지였다. 아울러 역에 사람이 모여, 주변에 자연스럽게 장터가 자리할 수 있었다. 역과 주변에 사람과 물자가 모여 소식을 나누기도 하며 거래하며 사람을 만나는 장소로 이용되었다.

근대국가의 발달과 함께 새로운 교통수단인 철도, 버스, 비행기 등은 사람과 화물의 대대적 이동을 촉진하며 먼 곳을 내 집과 일일 생활권으로 묶고 있다.

목포역은 나에게 이러한 교통 기능 외에 특별한 기억을 일으킨다. 1960년 초이다.

서너 살 적이다. 나는 돌아가신 부친과 목포 역에서 증기기관차로 연결된 열차를 타고 서울을 갔다. 기차가 굴을 지나고 들과 강을 가로지르면, 나는 소리를 지르며 즐거워했었다. 서울에서는 당시로는 유용했던 전차도 타고 남산

케이블 카에 올랐던 추억이 있다. 증기 기관차가 건널목을 지나면 칙칙폭폭 소리를 내면서 하얀 증기를 품어대곤 했다.

1970년대 일이다. 모두가 돈 만들기가 어려운 시기였다. 우리 집은 유달산 북동쪽 기슭인 죽교동에 있었다. 홀어머니가 집 한 켠에 어렵게 공간을 마련하여 돼지를 키워 돈을 마련하곤 했다. 목포 인근인 무안군 일로면과 삼향면 등에서 농민들이 새끼 돼지를 팔러 목포역으로 왔다. 어머니와 나는 튼실하고 귀여운 새끼 돼지를 골라 집에서 길러 팔곤 했다. 돼지파는 장터는 돼지 외에 집에서 전통방식으로 고아 만든 엿과 계절 농산물이 있어 흥미를 자극하곤 했다. 그 장터는 호남선 선로가 끝나는 인근 담벼락에 형성되었으며, 멜라콩 다리로 이어졌다. 멜라콩 다리는 일설에 의하면 멜라콩이라는 별명을 가진 철도 노동자가 사비로 건설하였다.

멜라콩 다리 인근에는 친구 A 의 집이 있었다. 꿈과 이상이 넘치는 녀석이었다. 1970년대 말과 1980년 대 초까지 외지에서 대학을 다녔던 나는 목포역에 도착하면 그 친구를 만나, 막걸리를 나누며 풋풋한 사랑이야기와 시절 평론을 안주로 삼았었다.

그 친구의 집을 경계로 목포역의 영향력은 급격히 줄어들고 목포항과 관련된 가게들과 시설들이 시작되었다. 건어물 가게, 홍어 가게, 김 가게 등이 즐비하였다.

A의 집은 일제 강점기 목포의 대표적 번화가인 오거리와 3분 정도 거리로 주변에 청년들에게 인가 높은 막걸리 집들이 모여 있었다. 지금도 궁금하지만 A가 인문계 고교 졸업 후 어느 진로를 택했는지 한 번도 묻지 않았다.

1980년 5·18 당시였다. 나는 시민군으로 도청에서 지휘부 지시로 광주 광천동인근 삼익아파트 옥상에서 계엄군의 진입을 저지하도록 배치를 받았다. 그곳에는 이미 자발적으로 조직된 다른 시민군들이 있었다. 밤이 깊어지자 시민군 내 의심과 갈등(당시 계엄군과 보안사 요원들의 잠복과 위장활동)이 증폭되어 총까지 발사되었다.

그런 상황이 계속되어 나는 광천동 자취방으로 가야만 했다. 그곳에는 애타게 나를 찾아 올라오신 어머니가 계셨다. 나는 다음 날 어머니 손에 이끌려 외진 길을 묻고 물어 걷고 걸어서 인심 좋은 사람들의 도움을 받아 무안읍에서 외삼촌과 만나 목포에 이르렀다. 당시 목포 시민들은 목포역에서 집회를 한 후 시내를 행진하고 하였다. 고향 기차역에 대한 기억 들이다.

2018년 겨울의 초입이다. 노을 깔린 시가지 너머 유달산 바위들이 옹골찬 기상을 뽐내며 고향 떠난 자를 반긴다. 그렇지만 아버지도, 역 담벼락 시장도, 친구도 사라진 목포역 앞은 이미 상권을 하당지구와 무안군 남악지구에 빼앗겨 오가는 행인마저 드물고 사무실 임대광고가 나붙은 거리풍경은 스산하기만 하다.

해남에도 기차역이 들어선다. 기차역을 단지 정거장이 아닌 교통거점으로 살려나가고 기차역을 매개로 지역을 활성화 해나갈 수 있는 방법을 모색해 나가야 한다.

기차역은 우리에게 일상이면서 특별하다. 이제 해남 일상에서 특별함을 찾을 수 있기를 기대해 본다

꿈의 에너지, 수소연료기관

2018. 12. 28
박용안
해남신문 투고

친환경 교통수단들이 점차 시장에 나오고 있다. 그동안 주 연료로 사용된 석탄과 석유 등 화석연료들은 온갖 오염물질을 배출하여 왔다. 세계 주요 대도시들은 차량과 난방 등에 사용된 화석연료에서 발생된 미세먼지, 일산화탄소, 이산화탄소, 아황산가스, 이산화질소 등 수많은 오염원에 노출되어 있다. 이들 오염원들은 폐질환, 기관지염 각종 질병을 유발시키거나 동물과 식물의 성장과 생육에 악영향을 주고 있다.

주요국들은 자동차 등 운송수단에서 발생되는 오염원을 줄이기 위해 다양한 기준과 규제를 취하고 있다. 유럽연합(EU)은 2050년까지 차량에서 발생되는 이산화탄소 배출량을 지난 1990년 대비 80% 줄이기로 하였으며, 이산화탄소 배출 허용기준도 2015년 기준 1㎞ 주행당 130g에서 2050년에는 10g으로 낮추기로 했다. 나아가서 노르웨이와 네덜란드는 2025년부터 내연기관 차량 판매를 법으로 금

지했고 독일과 인도는 2030년부터, 영국과 프랑스는 2040년부터 내연기관 차량 판매를 금지하기로 했다.

이에 화석연료를 사용하지 않고 자연에서 생기는 에너지원들과 무공해 연료를 사용하는 여러 가지 탈 것들과 화물 이동 기기들이 등장하고 있는 것이다. 자연에서 얻어지는 바람의 힘(풍력), 바닷물의 이동에 따른 힘(조력), 밀물과 썰물의 교대에 의한 힘, 물을 분해하여 수소를 만들어 이를 전기화하는 방법, 태양의 빛을 이용하는 방법 등 다양한 무공해 연료가 시도되거나 도입되고 있다.

자연에너지 중 2000년대 들어, 주목을 받고 있는 것이 수소이다. 수소는 다음으로 만들어 진다. 첫째는 물을 분해하여 수소를 만들어 사용하는 방법이며, 다음은 부생수소를 채집하여 이용하는 것이다. 부생 수소란 석유화학 공장, 제철 공장, 전력회사 등에서 다른 물질을 제조하거나 처리하는 과정에서 주로 발생되고 있다.

부생 수소는 석유화학 산업과 제철 산업에서 주로 발생하는 데, 석유화학 공정 중 부생 수소가 발생하는 대표적인 공정은 납사로부터 에틸렌과 프로필렌을 생산하는 납사분

해공정과 염소와 가성소다를 생산하는 클로르-알칼리 공정이 있다(박진남, 2016, 5, 18, 가스신문). 제철 산업에서는 코크스를 생산하는 과정에서 다량의 수소를 포함하고 있는 COG(코크 오븐 가스)가 생산된다.

주요국들은 일찍부터 수소를 이용한 새로운 에너지원 발굴에 다양한 노력을 기울여 왔다. 독일에서는 자동차 업계를 중심으로 수소전기 차량의 실용화, 수소를 이용한 기관차의 상용화, 가정에서 수소의 사용 등 이 분야에서 새로운 역사를 써가고 있다. 일본에서도 수소사회의 실현을 위해 모든 정부 부처들이 뭉쳐서 다양한 시책들을 추진하여 2030년과 2050년 등을 목표로 다양한 지표들을 제시하면서 수소 차량과 수소 선박의 상용화와 보급에 열을 올리고 있다. 싱가폴 정부도 뒤질세라 수소 연료의 항공기 개발에 나섰다. 우리나라에서도 현대차를 중심으로 수소를 연료로 한 새로운 차량 개발과 보급에 나서도 있다.

독일은 2018년 9월부터 최초로 수소전기 기관차(열차)를 운행하고 있고 영국, 네덜란드와 노르웨이, 덴마크 등 유럽 국가에서도 수소 기관차 개발에 나서거나 높은 관심을 보이고 있다.

우리나라의 경우, 수소 차량은 이미 개발되어, 승용차와 시내버스에도 도입되어 운영중이다. 해상운송에서는 2020년부터 선박에 사용되는 벙커유에 대한 환경규제가 더 엄격하게 적용되어 선주들과 조선소에서 다양한 방식으로 새로운 환경기준을 수용하려 하지만, 수소에 대한 관심이 육상에서 보다 적은 실정이다. 주요 에너지원인 석유와 LNG 등을 수입해야만 하는 우리나라로서는 미래를 이끌고 갈 수 있는 다양하고 세부적 시책이 필요하다.

농민과 어민, 남북한 교류를 통해 이득을 내자!

2019. 01. 18.
박용안
해남신문 투고

경제의 기본은 나눔과 교환이다. 나눔은 기술, 물자, 서비스를 서로 함께 뭉치거나 나눠서 그 가치를 키우는 방법이다. 교환은 사람, 마을, 지역, 도시, 국가 단위에서 생산되거나 만들어지는 물자와 서비스를 다른 단위의 다른 물자와 서비스로 바꿔 서로가 더 필요로 하는 것을 갖게 한다. 오늘 날 경제는 전 지구촌을 하나로 묶고 있다. 해남읍에 있는 소매점에 가보면 세계 각지에서 만들어진 다양한 상품들이 놓여 있다.

해남 농산물과 수산물도 때로는 생각지 못할 정도로 멀리 이동하기도 한다. 필자가 주로 거주하는 부산에도 해남 봄동, 절임 배추, 고구마 등이 시장과 소매점에 있다. 가공식품의 경우, 예로 한국 김부각은 세계인의 입맛에 비교적 골고루 맞아 더욱 먼 거리인 유럽과 미국 등에서도 판매되곤 한다. 물자가 박스 등 소포장과 팔레트와 컨테이너 용기 등의 발명과 활용으로 더욱 편리하고 저렴하게 이동되고 있다. 교통 노선도 국내에서나 세계적으로 거의 모두 뚫려 있다.

지구촌의 다른 나라에 비해 비교적 가까이 있는 북한과 경제 교류를 한다고 보자. 남한에서 생산되는 물자를 외국에 보내는 물류비용보다 저렴하게 판매할 수 있게 된다. 더욱이 외국 물자에 부과되는 관세마저 없을 경우 더 편리하게 남한의 물자를 북한에 보낼 수 있다. 남한의 물자 반입을 보자. 부족한 다양한 물자를 북한에서 가져올 수 있다. 예를 들면, 건설과 토목 공사에 필수적인 바다모래가 부족하다. 어족자원의 산란지인 바다모래를 보존하려하는 어민과 바다모래를 확보하려 하는 건설사 등의 이해관계가 충돌되고 있다. 북한산 바다모래는 이러한 문제를 풀 수 있도록 한다.

해남은 넓고 비옥한 농토에 긴 해안선을 갖고 있다. 기름진 땅과 산에서는 쌀과 영양가 높은 다양한 곡식들과 고구마, 배추, 버섯, 온갖 과일들이 나오고 있다. 축산물로는 소와 돼지 그리고 벌꿀이 있다. 대표적 수산물로는 국민들 먹거리인 매생이, 김, 미역, 전복, 멸치, 새우 등을 들 수 있다. 그리고 절임배추는 대표적 상품으로 인정되고 있다.

북한과의 교역은 해남에게도 기회이다. 첫째, 시장의 확대이다. 봄동, 유자 등 겨울철 해남에서 나는 채소를 보자. 춥디 추운 북한의 겨울에 해남의 봄동은 많은 소비를 유발할 것이다. 매생이도 북한과 중국 동북지역 소비자 등에게 매우 흥미롭고 맛있는 재료가 될 것이다. 둘째, 판매처를 다양화하게 된다. 쌀과 보리, 밀 등 국내소비에 주로 의존하는 판매처가 북한까지 확대되면 소비의 증감에 따른 가격 파동과 불안정을 해소할 수 있다. 셋째, 물자간 보완효과로 자산이 풍부해 진다. 해남에서 북한산 소주와 맥주 등 물자를 소비할 수 있게 되어 소비생활이 더 알차게 된다. 공산품의 경우도 북한에서 생산되는 물품중 경쟁력이 있다면 남한에서 판매될 것이다. 넷째, 민족경제의 회복과 활력화이다. 근대화와 국민주권형 공화국으로 발전이 외세에 의해 좌절된 이후 민족경제의 수립은 당연한 길이다. 남한과 북한이 서로 나눔과 교환을 통해 더 인간답게 국민답게 나라답게 하고자 하는 소망을 실천할 수 있다.

이제 남한만으로도 우리 경제는 세계 선진국이다. 미국 중앙정보국 자료에 의하면, 남한의 2017년 추정 인당 GDP (국민총생산)은 3만 9500달러로 세계 46위이다.

프랑스가 4만 4100 달러로 세계 40위, 일본이 4만 2900 달러로 세계 42위인 점을 고려하면 어마어마한 선진국이다. 2017년 수출이 5774억 달러와 수입은 4575억 달러로 교역액이 1조 달러를 넘어섰다. 우리 경제에게는 더 알차고 골고루 성장하는 내실을 기할 때가 온 것이다. 해남 지역 경제도 남한과 북한간 교역과 소통을 통해 더 풍성하고 행복한 공동체를 만들어야 한다. 해남의 절임김치가 평양 대동강변 냉면집 식탁에 올라갈 수 있도록 함께 노력합시다.

해남 철도시대, 교통 서비스 국제화와 표준화가 시급하다

2019. 02. 22
박용안
해남신문 투고

교통의 기본은 움직임과 멈춤이다. 움직임은 무언가(교통수단)에 의해 사람과 물자를 이리 저리로 돌아다니게 한다. 멈춤은 교통수단인 사람의 다리, 바퀴 즉 수레와 차량, 철도, 배, 비행기를 이용하기 위해 혹은 이용한 후 기다리는 것이다. 멈춤과 움직임은 서로를 보완하면서 사람과 물자를 전 지구촌 곳곳까지 이동하게 한다.

해남에 철도가 놓이고 있다. 철도는 해남지역에서는 새로운 교통수단이다. 정거장인 역과 철도 선로를 통해 새로운 사람들과 물자가 오고 갈 수 있다.

해남을 포함하는 전남 보성과 전남 무안 임성간 철도 연결사업은 1998년 타당성 조사가 이뤄졌으며, 2000년 기본계획을 수립하고 2002년 노반 기존설계를 시행하는 등 사업이 진척되었었다.

2006년 사업이 일시적으로 중지되어 어려움을 겪었으나, 2011년 한국개발연구원에서 타당성 재조사를 하는 등 사업에 불을 지폈다. 이 신설 철도는 복선을 전제로 한 단선으로 공사가 진행되고 있다.

철도공사가 예정대로 되면, 2020년대에는 철도가 해남에서 운행될 것으로 보인다. 철도운행으로 해남은 동서교류와 수도권과 연결에 교통거점으로서 가능성을 높이게 된다. 이에 따라 새로운 사람과 물자가 왕래할 것이다. 해남권과 우리나라 수도권·동남권간 교통이 편리해지면서 관광, 사업, 공무, 여행, 친지방문, 학술교류, 친목 등을 목적으로 우리나라 사람뿐만 아니라 외국인들의 해남방문도 늘 것이다. 아울러 차량에 의해서만 반출되었던 해남의 농축산물과 수산물 등 물자와 타지에서 생산된 각종 기자재와 상품 등이 철도로도 운송될 것이다.

새로운 철도 교통망의 확충은 지역사회에서 교통체계 관련 과제들을 안기고 있다.

첫째는 외지에서 방문하는 사람(한국인과 외국인)이 버스

터미널과 철도역에 도착할 경우, 해남을 중심으로 제공되는 대중교통에 대한 정보를 국제화와 표준화해야 한다. 해남에 대한 기대를 잔득한 채 철도역과 버스터미널에 도착하니 이동에 대한 아무런 안내도 없이 택시만 늘어서 있을 경우 방문객은 큰 부담과 심지어 두려움을 느낄 것이다. 여기서 두려움이란 교통수단이 없어 고립됨을 말한다. 대중교통에 대한 안내를 해남 주요 목적지별 한글 가나다순과 영어 알파벳순서로 교통수단과 시간간격을 잘 표시하여야 한다. 해남인들이 쉽게 알 수 있는 방식이 아닌 외지 방문객의 시각에서 대중교통 정보를 공지하고 제공해야 한다.

둘째, 해남에 방문객을 끌어당기기 위해서는 지역 교통거점인 철도역과 버스터미널과 잘 연계된 교통망이 필요하다. 해남인과 방문객의 교통수요를 구간별로 통계화하고 잘 예측하여, 교통망 수요의 탄력적 변동에 수시로 대응하고 교통망을 제공할 수 있는 지역 교통정책 체계가 필요하다. 특별시와 광역시가 아닌 해남에서는 대중교통 수요가 상대적으로 적을 것이며 때로는 불규칙적으로 혹은 계절적으로 심한 편차를 보일 것이다. 수요변동에도 편리한 대중교통을 제공할 수 있는 정책적 역량이 요구된다.

셋째, 교통약자에 대한 시설과 대중 교통수단 확충이다. 저상 버스와 승하차 장비 구비 등을 말하며 주요 관광시설에도 이 같은 시설 설계와 구조가 필요하다. 해남의 경우, 교통약자에 대한 이동 편리성을 지역사회의 장점으로도 활용할 수 있다.

넷째, 복합적 교통서비스의 개발이다. 철도와 지역 대중교통, 지역 관광서비스와 숙박, 지역체험과 체류 관광을 연계하여 양질의 관광 서비스를 편리하고도 저렴하게 제공하는 방안이다. 철도운영 공기업, 관광회사, 지역 기업, 해남군, 해남지역 기업과 각종 조합, 숙박업소 등의 협력체계를 구축하여 방문객이 만족할 수 있는 관광서비스를 제공할 필요가 있다.

해남 철도시대에 지역 민관의 협력이 더욱 절실하다. 전문가와 지역 민관이 결합한 민관 협력위원회 등 정책 지원체계와 정책수립의 선진화도 필요하다. 슬기로운 해남인들의 대응이 기대된다.

농어촌의 숙제, 인구감소를 다시 보자

2019. 03. 29
박용안
해남신문 투고

해남군의 인구가 지속적으로 줄어들고 있다. 해남의 인구는 지닌 2009년 12월 8만 1000명에서 2015년 7만6000명, 2018년 말 7만1900명으로 감소되고 있다. 고령화도 심화되고 있다.

지난 2월 22일자의 해남신문 지면에는 이러한 사실을 잘 보여주고 있다. 그 주 지면에서는 해남 배추 농가가 물 밀듯 들여오는 수입산 배추 때문에 깊은 시름에 놓여 있음을 나타낸다.

이는 해남 인구의 증가와 감소가 지역경제와 동전의 양면처럼 서로 깊은 관련을 갖고 있음을 증기하고 있다.

인구 증감에 대해서는 여러 분석과 해석을 할 수 있다. 해남군의 사례에서는 1) 전입 인구보다는 전출 인구가 많았다 2) 65세 고령 인구가 갈수록 그 비중을 늘리고 있다

3) 출생자보다 사망자가 많은 자연적 감소가 보인다라고 요약할 수 있다.

사실 해남뿐만 아니라 많은 농촌, 어촌, 산촌에서 비슷하게 인구감소를 보이고 있다. 크게는 우리나라가 출산율의 저조로 장래 인구감소와 경제활력 저하라는 문제를 겪거나 겪을 것으로 예상된다.

되돌아보면 우리나라 인구는 비극적인 한국전쟁의 종전 이후 크게 증가되어, 1970년대까지 마을마다 애들의 웃음소리와 놀이 소리가 끊이지 않았었다. 오직하면 정부에서 나서서 산아제한 정책을 추진했겠는가. 우리 경제도 크게 변화되어 왔다. 농어촌이 경제에서 소득과 일자리 창출을 주도하는 사회에서 한 때는 의류 등 경공업이 이를 대신했으며 이후 점차적으로 철강생산, 조선업, 자동차 제조업 등으로 경제의 중심이 이동되었다.

2000년대 이후에는 더욱 새로운 산업들이 성장을 이끌고 있다. 게임 산업, 핸드폰을 이용한 새로운 서비스 산업, 유흥과 관광 등이다. 경제구조의 변화는 농촌, 어촌, 산촌 인구의 감소를 초래하고 있다.

농촌, 어촌 그리고 산촌은 온 몸으로 이러한 변화를 견디고 있다. 경공업과 산업화 시대에는 아낌없이 젊은 층들을 산업 일꾼으로 보내 왔다. 우리나라 경제발전의 젖 줄로 오늘의 번영을 가능하게 하였다. 가전제품의 소비를 통해서는 제조업자들에게 충실한 국내시장이 되었다.

해남군은 농촌과 어촌으로 주로 경제활동을 하고 있다. 경제구조의 변화, 출산율 저하, 노령층 비중 증가에 따른 인구감소는 어쩔 수 없는 외부 요인이다.

이러한 환경변화에 대응하여 해남군의 장점을 활용한 인구증가 대책을 고민해야 할 때이다.

다양한 대책, 지역적으로 해남군 전체를 대상으로 한 대책보다는 해남읍 등 한정된 지역에 성공 사례와 우수 사례를 통해 청년층, 중장년층 등의 전입을 촉진하는 것이 필요하다.

첫째, 해남읍 등 한정된 지역에 의료시설, 문화와 관광시설, 교육시설을 집중하여 시너지효과를 만드는 것이다.

둘째, 해남의 전통, 고유한 문화, 관광자원과 연결된 일자리 창출이다. 이는 관공서가 주도하기보다 민간의 창의성을 공모하여 해남군 등이 예산과 행정을 지원하는 방식이 적절하다.

전통놀이의 발굴과 축제를 통해 혹은 문화공연을 통해 안정된 일자리와 지역소득을 늘리는 방안이다.

셋째, 해남배추의 사례처럼, 시장의 수요와 공급 변동에 즉각적으로 대응할 수 있는 지역정보센터가 요구된다. 중국배추의 현지 가격과 물류체계, 수입상들의 동향을 통해 충분히 배추 수입량을 예상할 수 있다. 이러한 예상을 농가에서 배추 예상 생산량을 비교하여 다른 대안을 모색할 수 있을 것이다. 농촌과 어촌에서 소득수준 향상으로 인구의 유입을 기대할 수 있을 것이다.

해남 인구감소는 지역경제에 많은 숙제를 던지고 있다. 경제의 활력을 통해 젊은 해남을 만들어야 할 것이다. 지역민들, 행정조직, 각종 협회와 조합들의 지혜를 모아야 할 때이다.

4차 산업혁명과 노인복지 (1)

2019. 04. 19
박용안
해남신문 투고

1980년대 초까지 농촌과 도시에서 많은 가족들의 보편적 구성은 조부모, 부모, 자녀들로 이뤄져 있었다. 1960년대와 1970년대에 이러한 대가족 구성은 당연한 모습이었다. 우리나라 경제의 산출과 가치가 농업에서 점차 경공업과 중공업으로 이전하면서 농촌과 대가족은 급격한 변화에 직면하게 되었다. 더 세밀하게 보자면, 1970년대 후반부터 본격화된 이농은 도시에서 노동력을 활용할 수 있는 중장년층 이하의 농민들 중심으로 진행되었다. 이에 농촌에서 대가족의 순환과 대가족 중심의 노인 봉양과 가족문화는 새로운 위기에 직면하게 된다. 효 사상을 바탕으로 한 노인부양과 그 당위성이 핵가족 제도와 정보화산업과 새로운 경제 틀에서 힘을 잃게 된 것이다. 정부는 다자녀 갖기 정책을 추진하고 있으나, 부모모시기 등 효사상 진작에는 관심을 덜 갖게 되었다.

정부에서 지원하는 유치원 유아 학비지원은 대표적 사례

이다. 사립유치원의 경우 월 22만원까지 지원을 하고 있다. 많은 지자체와 국공립 기관에서는 다자녀 가구에 대해서는 다자녀 출산 격려금, 수도세, 전기세 등 다양한 선물 보따리를 안기고 있다.

다른 예로써, 직장에서 가족수당을 보자. 대부분의 직장이 자녀와 조부모 가족수당을 동일하게 하거나, 핵가족 실태에 맞춰서 자녀에 대한 가족수당이 많고 조부모 가족수당 단위가 적은 경우가 많다. 그리고 부모에 대한 가족수당이 많아야 1인당 5~10만 원이다. 공무원 가족수당의 경우, 자녀들에 대해 자녀 수 증가에 따라 2~10만 원인데 반해, 부모에 대한 가족수당은 2만 원에 불과하다. 설사 노인 즉 부모 부양에 따른 가족수당이 수 십만에 이른 다 해도, 그 이상의 부양비가 드는 현실을 감안한다면 노인에 대한 가족수당은 효 사상의 붕괴를 막기에 역부족이다라고 할 수 있다.

4차 산업혁명은 전통적 효사상의 약화를 더 촉진할 수 있다. 제조부문의 로봇도입, 의사결정에서 인공지능 기능 도입, 데이터에 의한 새로운 사업 창출은 농업과 유교적 사상에 기반을 둔 대가족의 틀에 타격을 줄 것으로 보인다.

농업과 일부 제조업은 노인들의 경험과 오랜 지식과 경륜을 소중히 하고 이를 바탕으로 새로운 방식을 도입하여 혁신하여 왔다. 제조공정과 서비스산업에서 로봇도입은 개인의 노동력보다는 로봇 작업에 의해 상품과 서비스를 산출함으로써, 가족이라는 울타리에 새로운 환경으로 작용할 것이다. 인공지능과 엄청난 양과 양질의 데이터에 의한 의사결정은 전통적 경험과 지식에 의한 의사결정에 도전이 되고 있다.

4차 산업혁명 등 경제 틀의 변동은 가족제도에 영향을 주고 있다. 이러한 점에서 효사상의 새로운 적용과 응용은 대한민국의 오늘과 미래를 위한 과제라 할 수 있다. 더욱이 효사상은 가족 공동체, 지역 공동체, 국가 공동체의 정신 건강과 만물 간에 사랑의 기초가 되는 덕목이다(오석원, 2000). 가족 공동체가 위협받는 4차 산업 혁명과 현대사회에서는 이를 대신하여 지역 공동체, 국가 공동체가 효사상을 실천하고 이를 정책화함으로써 사회의 정신건강과 다자녀 가족의 기초를 다질 수 있을 것이다. 국가가 이미 시행하고 있는 노인장기요양보험, 기초연금은 이러한 효사상을 대변한다 볼 수 있다.

노인장기요양보험은 재가 노인과 요양시설 입소노인에게 적용되고 있다. 노인이 병원에 입원할 경우에는 국민건강보험이 적용된다. 그러나 노인이 병원에서 장기적 의료서비스를 받아야 하는 경우, 간병인의 도움이 절실하다. 대가족 제도에서 환자에 대한 간호 보조와 수발을 가족들이 도맡았으나, 많은 가정에서 24시간 병원에서 상주하면서 간병을 하기에 어려움을 겪고 있어 간병인을 구하고 있다. 치매 등 노인성 질환으로 수 년간 혹은 반복적으로 입원할 경우 간병인 비용이 가족에게는 매우 부담이 되는 실정이다. 이러한 간병 서비스에 대해서는 국가가 일정 비율의 비용을 지불하여 가족 구성원 부담을 줄여 나가는 것이 필요하다. 국가 공동체의 건강을 위한 새로운 효사상의 실천을 기대해 본다.

4차 산업혁명과 노인복지 (2)

2019. 05. 10
박용안
해남신문 투고

인류에게 보석과 같은 책 중에서 주역은 우주 원리를 이야기 하고 있다. 주역에서 우주는 끊임없이 변하고 또 변하지만 변하지 않는 진리를 가지고 있다 한다. 만물 변화를 다른 기운의 조화와 마디(절)에 의해 설명도 하고 있다. 사람의 인체에 관절이 있듯이, 만물의 변화도 마디와 매듭에 의해 순조롭게 봄·여름·가을·겨울처럼 조화를 이루는 것으로 해석하고 있다. 마디를 인간과 시대에 적용하면 세대라는 말로도 해석될 수 있다.

우리나라에서는 1950년대 남북분단과 동족상잔이라는 비극은 커다란 변화를 초래하였다. 인구 변화와 세대 변화에 초점을 둔다면, 우리나라는 전쟁이후 1955년에서 1963년까지 혹은 1974년까지 기록적인 출생아수를 나타냈다(곽노필, 한겨레, 2019). 해마다 출생아 수가 90만 명을 초과한 것이다. 흔히 말하는 베이비붐 세대이다.

서양에서는 베이비붐 세대 외에 밀레니엄 세대(현재 나이 만23～38세), Z세대(현재 나이 만9～22세)로 시대의 변화와 세대들의 문화 변화를 구분하고 있다(일본경제신문, 2019). 페이스북 창업자인 마크 주커버그로 대변되는 밀레니엄 세대가 휴대전화와 인터넷 등의 세례를 받고 자라난 데 반해 Z 세대는 스마트 폰을 손에 쥐고서 디지털화된 문화를 경험하고 있다.
우리나라 베이비붐 세대는 수천 년 이어져 온 전통적인 농경사회가 급속히 붕괴 혹은 해체되는 것을 목격하였으며, 유년기에 산업화에 따른 도시집중과 경제력 집중을 경험하였다. 그 이전 세대들이 온 몸으로 역사의 질곡과 변화를 견뎌내야 했던 데 반해 베이비붐 세대는 치열한 경쟁 속에서도 경제성장에 따른 성과를 향유하기도 하였다.

이제 우리나라는 베이비붐 세대가 노년에 접어들면서 새로운 복지과제에 직면하고 있다. 우리나라는 65세 이상 인구 비율이 7%에서 14%로 배로 그 비율이 증가되는 데 18년 밖에 걸리지 않는 세계에서 가장 급속한 고령화를 기록하였다(후지요시 마루하루 저, 김범수역, 2015). 우리나라 고령화 속도는 프랑스의 126년, 미국의 72년, 심지어 일본의 24년에 비해서도 매우 빠른 것이다.

2020년 이후에는 이들 베이비붐 세대들이 노년에 접어든다. 베이비붐 세대들은 부모를 직간접적으로 부양하면서도 자녀를 양육하여 왔다. 고령화의 진전은 노인이 된 베이비붐 세대들이 고령화 부모를 부양해야 하는 현상을 점차적으로 확대할 것이다.

국가적으로는 이들 고령화 초기의 베이비붐 세대들이 그 이전의 세대와 밀레니엄 세대(현재 나이 만23～38세), 그리고 Z세대(현재 나이 만9～22세)를 연결하는 중요한 고리이다. 즉 베이비붐 세대들의 경제 활동과 사회활동에 따라 우리나라의 경제활력, 사회문화적 활력과 건강성이 확보될 수 있다. 베이비붐 세대들에게 닥치는 다른 문제는 경제와 산업 구조 변화이다. 최근에는 4차 산업혁명으로 지금까지 경험하지 못한 새로운 산업과 생산방식이 나타나고 있다.

각종 산업에서 4차 산업혁명의 진행은 정보와 통계 그리고 자료들의 교환과 처리에 t서 즉시성과 연결성을 개선하고 있다. 이에 따라 경제의 생산성 개선과 혁신은 자료와 정보의 즉시성에 기반을 두고, 인공지능에 의한 의사결정의 최적화를 가능하게 하고 있다. 4차 산업혁명은 베이비붐 세대에게는 새로운 난제로 작용하고 있다.

국가·지자체·공공기관들은 경제와 사회 활력을 위해 베이비붐 세대들에 대한 재교육과 경제활동을 지원함으로써 세대간 갈등을 최소화하고 사회와 가정의 건강성을 제고하는 정책을 발굴해야 할 때이다. 직장 등에서 재교육과 이를 재취업과 연계하는 등의 다양한 지원프로그램이 필요하다.

우리나라는 OECD 가입 국가 중 노인 자살률이 가장 높지만, 일에서 은퇴하고 여생을 즐기는 기간은 가장 짧게 나타났다(중앙일보, 2019). 이러한 나쁜 지표들을 개선하기 위해서는 노령층의 사람들이 행복할 수 있도록 고령화 세대들의 사회적 복지 확장과 아울러 재교육을 통한 다양한 사회활동과 경제참여를 지원해야 한다.

우리나라 교통안전을 근본적으로 개선하자 (1)

2019. 06. 14
박용안
해남신문 투고

인류는 끊임없이 이러저러한 이유로 이동한다. 교통수단이 기계화와 자동화되지 않았을 때에는 본인의 발로, 때로는 배를 혹은 우마차를 이용하였다. 19세기에는 기차가, 20세기 들어 비행기와 우주선이 새로이 선보였다. 이러한 운송수단의 발달과 함께 교통사고, 해양사고와 같은 새로운 위험에 직면하게 되었다. 가정에서는 본인 안전을 확보하고 개선하기 위해서 주거환경을 개선할 수 있으나, 운송수단을 이용할 경우는 주어진 환경에 따라야 한다. 각국은 교통수단을 이용할 경우에 직면하는 위험을 최소화하기 위해 다양한 방법과 제도를 도입하고 있다.

영국 런던에서 일이다. 지금 런던에 가면 주요 지하철의 차량 출입문이 우리나라 차량 등에 비해 조금 넓은 것을 알 수 있다. 이는 2000년대 후반 2010년대 초에 런던 시 당국과 지하철 운영사 등이 승하차시 시민의 불편을 개선하고 환승시간 등을 단축하기 위해 차량 문을 소폭(좌우

각10~15cm) 늘린 것이다. 상식적으로 차량 개폐문을 조금 늘리는 것이라, 그냥 늘리면 될 것이다. 런던 시당국 등은 무려 2년 이상 수 십억원의 예산을 투입하여 개폐문 개조시 승객 등에 어떠한 영향이 있는 지를 면밀히 검토하였다. 다양한 연령층과 각종 상황에 놓인 승객들이 오르내리는 실험을 수없이 거듭한 후 문을 늘렸다. 지하철 차량 문 확장실험을 담당한 곳은 런던대학교(University College London : UCL)이었다. 이곳은 모의 실험용 시내버스도 보유하고 있다.

굉장히 단순한 지하철 차량 문 개조에 많은 시간과 예산을 들이는 것은 다양한 특성을 갖는 각 승객이 어떠한 영향을 받는 지를 면밀히 평가하고 지하철 운행에 미치는 부정적 요소와 유사시 인명사고를 최소화하려는 것이다. 물론 결론적으로는 문을 늘렸다. 영국에서 교통안전 관련하여 한 가지 더 눈에 띄는 것은 철도 운행시 특정 역에 진입할 경우, 승객들에게 역 명과 역 승강장 위치 등을 미리 알려주고, 그 다음에는 철도회사의 다른 서비스와 이름 등을 알리고 있다.

장황하게 들릴 수 있으나, 교통수단에서 안내는 그 교통수단과 교통로에 대한 전문성이 없는 승객에게 매우 중요한 정보이다. 세월호 참사에서 많은 승객들이 선원들이 알렸던 안내를 믿고 선실에서 대기한 점을 보자. 정확한 정보가 없을 경우, 교통사고시 승객들은 우왕좌왕하다 탈출기회를 놓치는 경우가 많다. 교통수단에 대한 운전은 선장, 기관사, 운전기사 등이 하지만 교통사고시에는 승객이 우선 탈출과 위험 회피를 해야 한다.

우리나라에서 지하철, 기차, 배 등을 이용할 때 가끔 안전에 대한 고려가 미흡하다는 생각이 든다. 우선 지하철과 기차에서는 그 가능성이 낮지만 화재 등의 재난으로 차량에서 탈출해야만 할 때, 어느 방향으로 가야하는 지 소홀한 안내가 많다. 예를 들어, 역에 진입하기 전 출입문의 방향(왼쪽인가 혹은 오른쪽인가)을 '회사 서비스가 어떻고 저떻고 ... 다시 이용해주세요 '라고 한 후 맨 나중에 알려주는 것 등이다. 이는 승객에게 사고시 탈출구 방향을 맨 나중에 고지하는 것과 같다. 사고발생후 승객들은 열차에서 탈출시 주행하는 옆 차선 열차와 충돌위험에 노출될 수 있다. 연안해운에서 개선된 점을 보자. 세월호참사 이후 선박에 승선할 경우는 우선적으로 어떻게 구명복을 입고 탈출해야 하는 지 알리고 있다.

우리나라는 KTX, SRT라는 고속철도 서비스를 일상적으로 이용하는 국가이다. 촘촘한 철도망과 고속도로 등 도로망을 결합하여 전국 일일 생활권을 구축한 지 오래다. 이제는 교통망을 승객에게 어떻게 안전하고 편안하게 제공할 것인가를 고민해야 할 때이다. 국토교통부, 철도공사, 철도시설공사, 철도운영사인 SRT는 승객의 관점에서 안전성과 편안함을 개선할 수 있는 제도개선, 운영과 세밀한 서비스 단위를 제공하고 승객의 고견을 물어야 한다.

우리나라 교통안전을 근본적으로 개선하자 (2)

2019. 07. 12
박용안
해남신문 투고

우리나라는 강소국의 특징을 보이고 있다. 남한만 볼 경우, 2017년 기준 10만㎢ 면적에 약 5180만 명이 살고 있다. 육상교통에 한정하면 자동차 대수가 총 2253만 대로 가히 자동차 공화국으로 불릴만하다. 2.3 명당 1대씩 차량을 보유하고 있다. 도로도 잘 닦여 있다. 도로 총길이가 11만km로 단위 면적인 ㎢당 1.1km에 달하고 있다. 농어촌이든 도시든 골목마다 잘 포장된 도로가 우리 앞에 펼쳐져있다. 강소국으로서 체면도 구긴 면도 있다.

바로 교통사고이다. 우리나라 도로에서 2000년 교통사고 29만 건에 부상자수 42만 7000명, 사망자 1만236명이었으나 개선되어 2018년에는 각 21만7000건, 32만3000명, 3781명으로 줄어들었다. 사망사고는 주로 보행자를 대상으로 발생하고 있다. 2018년 1487명의 보행자가 사망하였다.

이러한 교통사고 총 건수 기록은 OECD 가입국가 32개국 중 인구 10만 명당 발생건수 기준으로 최하위 수준인 31위를 보이고 있다. 다행히도 보행자 교통사고와 사망자수는 2000년 초부터 지속적으로 감소되고 있다. 하지만 인구 10만 명당 보행자 사망자수는 OECD 회원국가의 평균인 1.4명에 비해 2.9배인 4.1 명으로 매우 높다. 아직은 교통안전과 교통 문화가 강소국의 도약에 하나의 걸림돌인 것이다.

한국교통연구원(홍다희 외, 2018)에 따르면, 교통사고에 취약하게 노출되는 보행자들은 주로 어린이와 고령자로 밝혀지고 있다. 앞의 분석이 교통약자에 대한 조사이긴 하지만, 교통 안전과 교통 문화에 대한 근본 물음도 던지고 있다. 도로와 교통은 무엇을 위해 기능해야 하는 가이다. 모든 통행의 최종 수단은 보행이라는 점에서, 교통은 우선적으로 사람을 위해 특히 보행자를 위해 쓰여져야 한다. 정부도 뒤늦게 이러한 보행자 위주의 정책에 눈을 돌려, 2018년 교통안전기본계획에 신호기 없는 횡단보도에서 보행자가 횡단보도를 통행하고 있을 때 운전자의 일시정지 의무조항을 보행자가 횡단보도를 통행하려고 할 때로 더욱 강화하려 추진중이다. 신호기 없는 횡단보도에서도 일시 정지의무를 2018년 추가하였다.

이러한 법 개정과 법 개정 시도는 정부의 보행자 보호와 교통사고를 줄이려는 노력으로 환영받을 만하다. 다만 교통선진국에서 선진 사례를 참고하고 우리나라 사정에 맞는 몇 가지 제도 도입과 운영을 제안하고자 한다.

첫째, 대부분의 신호기 없는 횡단보도에서 그렇지만 횡단보도에 이미 진입하여 건너는 보행자를 차량이 무시하고저 멀리 100m 쯤에서도 가속으로 달려 보행자 앞을 주행하는 경우에 대한 개선책이 필요하다. 이런 행위는 차량이란 물리력을 이용하여 보행자를 위협하고 무시하는 대표적 행위로서 교통 문화를 저질적으로 만들고 있다. 일부 유럽국가의 경우 신호기 없는 횡단보도에 보행자 우선 통로를 설치하고 있다. 이 횡단보도에서는 멀리서도 눈에 띄도록 노란색등 등으로 표시하고 있다. 영국에서는 보행자가 이 횡단보도에 한 발이라도 내밀면 모든 차량 심지어 구급차량도 멈춰야 한다.

둘째, 횡단보도에 보행자 안전구역을 설치하여 보행자가 횡단중에 신호가 바뀌거나 다른 사정으로 도로 중간에 있을 경우에 대비하여 대피 구역을 설정하는 것이다.

셋째, 일부 도로의 경우 차량과 보행자가 동시에 이용하는 1차 선 혹은 2차선으로 구성되는 경우에 보행자를 위한 배려이다. 이 경우 보행자가 도보로 교통하는 경우에 보행자를 우선시하고 차량은 그 후미를 따르는 것 혹은 잠시 대기를 하는 것이 교통사고를 줄이는 방안이다.

넷째, 자전거 전용도로에 대한 개선이 필요하다. 보행자 전용도로 일부에 선을 긋고 아무런 안전벽 없이 운영하는 지자체가 많다. 그 발상은 차량 주행도로보다는 보행자 도로를 줄여서 자전거 전용도로를 확보하는 싸구려 얼치기 행정의 표본이다.

수요자 위주 교통을 위해 연계성을 개선하자

2019. 08. 19
박용안
해남신문 투고

교통이란 사람과 물건을 이곳에서 저곳으로 움직이는 것을 말한다. 영어의 사전적 의미에서 'Transport'는 이같이 움직이는 것 외에 차량·철도·선박·비행기 등의 교통수단들의 통합도 포함한다.

비슷하게 소식·정보·자료·생각의 움직임과 이동을 통신 혹은 중국에서는 교통이라 하기도 한다. 자동차와 비행기의 발명과 상용화와 아울러 새로운 교통수단과 교통방식들이 시도되거나 도입되고 있다.

최근 세계의 교통 기업들은 주요 교통 거점에서 집 혹은 최종 목적지까지 이동, 즉 Micro-mobility를 둘러싸고 가축을 벌이고 있다. 'Micro-mobility'란 소형 차량, 자전차, 스쿠터 등 소형 교통수단을 이용하여 대중교통수단인 버스, 지하철, 철도, 해운과 항공의 정류장 혹은 터미널과 최종 목적지까지를 연결하는 교통 서비스이다. 이 개념은

2010년대 후반부터 등장하여, 개인별 교통서비스를 최적화하고 제공하는 사업을 포함하는 것으로 점차 진화하고 있다.

Micro-mobility의 신사업자들은 자전차, 스쿠터, 소형 전기 스쿠터, 전기자동차, 전기차, 소형차를 여럿이 공동으로 이용하게 하는 등의 서비스도 시장에 선 보이고 있다.
미래의 교통수단으로 날아다니는 자동차 혹은 공중에서 사람과 물건을 이동시키는 드론도 독일, 일본, 미국 등에서 개발 중이다. 독일 뮌헨대학교 졸업생이 주축인 릴리움(Lilium)사는 2019년 날 수 있는 자동차(제트)의 시험운항에 성공하였다(lilium.com). 릴리움사는 2025년까지 시범적으로 3개 도시에서 5인승 제트를 사업화할 계획이다. 최고시속 300km(최대 운항 거리 300km)의 제트는 예로 서울 잠실에서 인천공항까지 이동시간을 10~15분에 날 수 있을 것으로 추정된다. 가격도 100달러 전후로 예상된다. 수직 이착륙이 가능하여 작은 공간에서도 이용될 수 있다. 미국의 투자자문회사는 개인용 항공운송 차와 드론 시장이 2040년까지 세계적으로 약 1700조원으로 성장할 것으로 예측하고 있다.

교통에서 새로운 사업과 신기술의 사례들은 개인과 물건의 이동을 더욱 편리하게 하는 데 초점을 두고 있다. 대중교통을 통한 간선망 외에 미세혈관 같이 최종 목적지까지 혹은 터미널, 공항, 철도역 등 교통거점에서 최종목적지까지 막힘없이 편리하게 연결하고자 하는 것이다.

지역단위 혹은 국가단위에서 굳이 많은 예산, 인력, 자원을 투입하지 않고도 교통을 혁신하여 사람과 물건이 편리하게 보다 적은 비용으로 이동하고 연계되게 할 수 있다. 해남군 등 지방자치단체에서 쉽게 할 수 있는 것은 버스터미널, 연안해운 터미널, 주요 관광지, 중심 상업지구간의 연계성을 높이는 것 등의 교통체계 개선 등이다.

첫째는, 이들 생활 거점, 관광 거점, 교통 거점을 묶는 순환 정기 버스노선을 도입할 수 있다. 일종의 지역 간선망이다. 이를 통해 사람들은 지역내에서 원활하게 이동할 수 있다. 지역 외에서 출도착하는 여객들도 용이하게 외부로 나가는 교통수단을 이용할 수 있어, 해남에 대한 교통 접근성이 개선된다.

둘째는, 환승센터를 조성하는 것이다. 환승센터는 심야시

간대에는 주차장으로 이용하고 버스 등이 운행되는 시간에는 정기 순환버스 노선과 타 노선들이 교차되도록 하는 환승 거점이다. 네모 형태의 환승 센터는 일반적으로 사람들이 본인이 이용하는 노선에 따라 버스정류장에 대기하게 하는 방식이다. 원형의 환승센터는 원 안에 사람들이 대기하면서 본인이 이용하려하는 노선버스가 오면 쉽게 이용할 수 있게 설계된다.

셋째는, 교통데이터의 제공이다. 모바일 폰 등을 이용하여 개인의 이동 수요에 최적인 최종 목적지까지 지역내 교통수단들을 복합적으로 제시하여 여객이 이를 선택할 수 있게 한다. 런던, 시애틀, 서울 등 많은 주요 도시에서 이뤄지고 있는 방식이다.

지역과 국가 그리고 세계는 교통을 통해 더욱 공고히 연결되고 단일화된다. 교통의 연계성을 개선해보자!

<123계엄 정국시 촛불행동 등 집회에서 발언>

12 · 3 내란반역과 대량학살 수행범은 즉각 하야하라

2024. 12. 17.
광주민중항쟁 당시 시민군 박용안
부산외국어대학교 초빙교수

멀지 않은 1980년 불법적인 계엄선포는 선량한 국민들에게 총칼을 들이대고 헬기에서 기총사격을 가하는 등 만행과 학살 행위를 초래했다. 광주시민을 중심으로 국민들은 계엄군의 위협에도 대동세상을 향한 거룩한 발걸음으로 아름다운 조국에 대한 씨를 뿌렸다. 학살자들은 처벌을 받았다.

며칠 전에 발생한 친위 쿠테타는 내란반역의 현행범을 중심으로 수행되었다. 서울, 부산, 대전 등에서 내란반역자들을 동조하는 사람들을 종종 만나곤 한다. 선량한 국민들과 적법하게 선출된 국회의원, 헌법기관 종사자들, 재판관, 같은 정당의 대표자 등을 적으로 간주하고, 본인의 안위와 권력을 유지하기 위해 계엄을 선포하는 경우는 듣도 알지도 못한 마귀의 행동이다.

이번 계엄과정에서 적을 살상하도록 고도로 훈련된 부대에 무기를 지급하고 곳곳에 배치한 것은 집단 학살을 부분적으로 실천했다고 볼 수 있다. **광주민중항쟁에서 군인들이 살육과 폭력에 점차 광분해 갔던 것을 우리는 기억하고 있다.** 특히 **북파부대원 혹은 북파부대 예비군을 동원하고 대기했다는** 것을 보면 **국민들을 대상으로 민족을 대상으로** 상상하기 힘든, 믿고 싶지 않은 일들이 일어났을 것이다.

여기저기서 초등학교 중학교 고등학교 대학교 학생들, 남녀노소 가리지 않고 국민들이 나섰다. **느닷없이 국민들을 총칼로 살해하겠다고 위협하는 윤석열이 제정신이냐고 묻는다.**

대량학살 기획과 수행 우두머리는 즉각 하야하라 ! 하야하라 하야하라

세계사의 으뜸국가 건설에 모두 단결하자 ! 단결하자 단결하자

감사합니다

12 · 3 내란반역과 대량학살 수행범을 즉각 체포하라

2024. 12. 20.

광주민중항쟁 당시 시민군 박용안
부산외국어대학교 초빙교수

위대한 국민 여러분, 용감하고 아름다운 10대부터 80대 투사, 전사, 용사 여러분! 감사합니다. 우리는 역사에서 동지가 되었습니다.

광주민중항쟁 시민군 박용안입니다.

당시 국민들은 이번처럼 총칼, 장갑차에 맞서 싸웠습니다.
누구나 행복하는 대동세상을 향해 나섰습니다.
아름다운 조국에 대한 씨를 뿌렸습니다.
여러분들이 새로운 거목으로 자라나고 있습니다.
무역 세계7위의 선진강대국을 만들고 있습니다.

국민을 적으로 선포하는 이번 계엄은 마귀의 행동이지 않습니까?
살상 부대에 최신 무기를 지급하고 배치했지 않습니까?

집단학살을 기획하고 일부 실행했지 않습니까?
광주민중항쟁에서 군인들이 살육과 폭력에 점차 미쳐 날뛴 것을 기억하시죠?

이번엔 북파부대원과 예비군까지 동원했습니다. 국민들을 대상으로 민족을 대상으로, 믿고 싶지 않은 일들을 일부 실행했습니다.

환율은 치솟고 주식은 바닥입니다. 수도권(천국)과 지방(소멸)간 격차는 더 벌어지고 있습니다. 구호로 마치고자 합니다. 3창입니다.

내란반역 현행범 즉각 처단하여 경제위기 극복하자 ! 극복하자 극복하자
대량학살 기획과 수행 우두머리, 즉각 체포하라 ! 체포하라 체포하라
세계사의 으뜸 국가 건설에 모두 단결하자 ! 단결하자 단결하자
평화롭고 아름다운 대한민국 자랑하자 ! 자랑하자 자랑하자
감사합니다.

4. 목포 지역 경제붕괴의 전조증세

지역내 총생산 2022년 5조 5천억에 불과(시민당 약 2500만원)

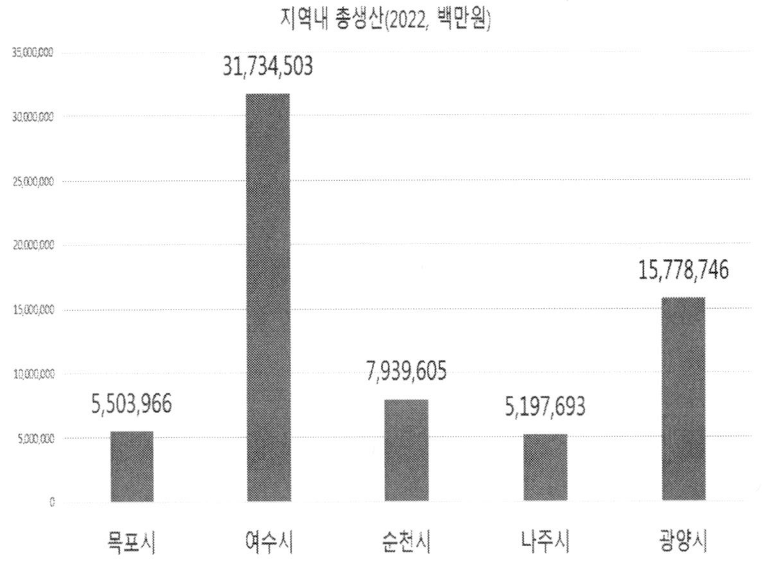

1인당 가처분소득(추정치) 연간 920만 원에 불과(월평균 77만원)

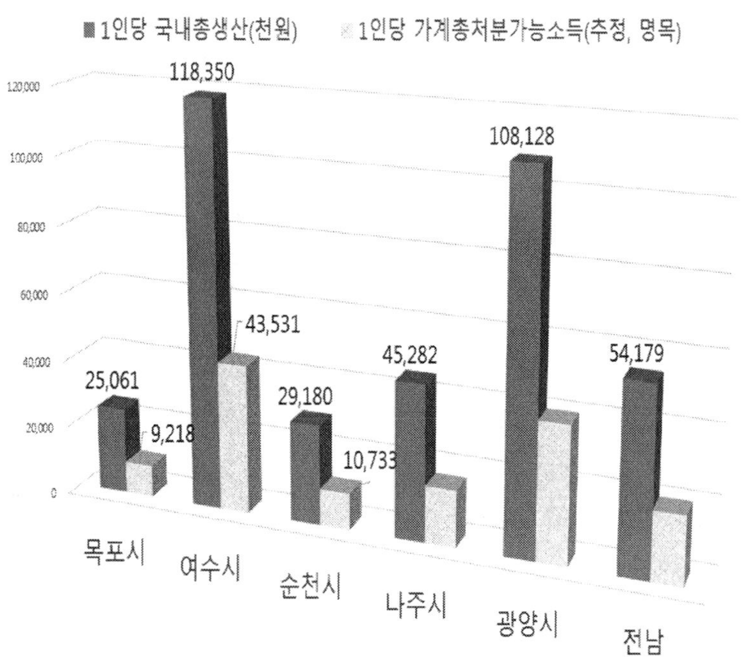

전남, 순천과 여수에 비해 현저하게 저조한 출생아수, 혼인수, 출산율과 상대적으로 높은 이혼건수(2022년)

	인구	출생아	사망자	혼인 건수	이혼 건수	합계 출산율
목포시	**219,625**	**820**	**1,799**	**701**	**485**	**0.73**
여수시	268,139	1,267	2,282	1,103	556	0.95
순천시	272,085	1,506	2,110	1,056	477	0.97
나주시	114,785	679	1,270	444	208	1.03
광양시	**145,926**	**860**	**1,038**	**638**	**351**	**1.06**
전남	1,771,431	7,888	20,876	6,181	3,565	0.97

절도건수, 법정 전염병(결핵 등) 발생율이 인구가 많은 순천과 여수에 비해 높음

국민연금의 사업장 가입자 수는 전남 타 도시에 비해 50%에 불과

5. 전통적 관광 관련산업을 기초로 성장엔진을 찾아보자

국토의 서남권에 위치한 목포는 지난 십 수년간 지속적 인구감소에 직면하고 원도심의 공동화, 인구감소, 노령층의 고립화 등이 가속화 되고 있다. 굳이 통계를 언급하지 않아도 30만 가까웠던 인구가 20만 붕괴에 직면해 있다. 여러 어려움이 나타나고 있다. 목포에서는 가난의 징표인 결핵 발생과 절도사건 등이 타 도시들에 비해 많음을 볼 수 있다.

목포경제의 주요 축인 행정, 교육, 국방, 조선관련 급여생활자들의 경우, 덜 어려움을 겪을 수 있다. 중소상공인, 건설관련 종사자들, 서민층들의 경우 인구감소에 따른 변화를 온몸으로 겪고 있다. 곧바로 성장엔진을 발굴하여 지역경제에 유치하면 되겠지만, 만만하지 않다. 땅이 풍족하지 않은 목포는 대규모 산업단지를 조성하기 힘들다. 여러 산업들에 대한 구상을 현실화하고 목포경제에 접목하는 데에 인접지역과 타 도시들에 비해 낮은 평가를 받을 수 있다.

목포가 새로운 성장동력을 확보하기 전에도 할 수 있는 대책들을 찾아보아야 한다. 무엇보다 잘 할 수 있는 것이 있다. 문화자원 등을 활용한 관광 및 관련 산업이다. 이를 통해 거주인구는 감소하지만 생활인구는 늘릴 수 있다. 첫째, 잘하는 사례와 못했던 국내외 경험들을 모아 평가한 후 목포에 맞는 관광 진흥대책을 찾을 수 있다. 둘째, 특정 요일에 집중되는 관광 혹은 여행 수요는 목포 관광서비스의 질적 저하를 초래할 수 있다. 수요의 편차를 줄일 수 있는 방안을 마련해 보자, 셋째, 연령대별 수요층에 적합한 관광 및 여행 상품, 1달 이상 - 3년 이하 목포문화 체험하기 등을 상품화해보자. 넷째, 연접하는 무안, 신안, 영암, 해남, 완도, 진도 지역과 관광 혹은 여행 연계서비스를 적극 개발하여 목포의 거점기능을 강화해 볼 수 있다. 다섯째, 친절과 청결을 실천해보자.

서남권 지역경제,
살릴 수 있다

2025년 12월 1일 인쇄
2025년 12월 3일 발행

지은이 | 박용안
펴낸이 | 박중열
펴낸곳 | 다솜출판사
부산광역시 중구 대청로 135번길 10-1
TEL.(051)462-7207~8 FAX. 465-0646
등록번호 1994년 4월 22일 제2001-000001호

정가 20,000원

ISBN 978-89-5562-829-6 03810